本书是陕西省图书馆学会 2021 年课题"数字人文视域下陕西红色文化保护与传承研究"（编号：211028）研究成果之一

高校图书馆的文化传承与创新

李秋月　著

吉林文史出版社

图书在版编目（CIP）数据

高校图书馆的文化传承与创新 / 李秋月著 . -- 长春：
吉林文史出版社 , 2023.8

ISBN 978-7-5472-9691-2

Ⅰ . ①高… Ⅱ . ①李… Ⅲ . ①院校图书馆－图书馆工
作－研究 Ⅳ . ① G258.6

中国国家版本馆 CIP 数据核字 (2023) 第 166532 号

高校图书馆的文化传承与创新
GAOXIAO TUSHUGUAN DE WENHUA CHUANCHENG YU CHUANGXIN

著　　者：李秋月
责任编辑：马铭烩
出版发行：吉林文史出版社
电　　话：0431-81629369
地　　址：长春市福祉大路 5788 号
邮　　编：130117
网　　址：www.jlws.com.cn
印　　刷：河北万卷印刷有限公司
开　　本：710mm×1000mm 1/16
印　　张：12.75
字　　数：215 千字
版　　次：2023 年 8 月第 1 版
印　　次：2024 年 1 月第 1 次印刷
书　　号：ISBN 978-7-5472-9691-2
定　　价：78.00 元

　　在当今社会，文化的重要性日益凸显，文化强国战略成为我国发展的重要战略方针。作为高等学府的重要组成部分，高校图书馆承担着传承和创新文化的使命。高校图书馆作为文化的载体和阵地，肩负着培养人才、传播知识、推动文化建设的重要责任。因此，高校图书馆的文化传承与创新变得尤为关键。

　　高校图书馆，作为高等教育的重要组成部分，是文化传承与创新的重要场所。它既是学术研究的中心，也是学生学习和生活中重要的一部分。因此，高校图书馆对于文化传承与创新起着重要的引领作用。在文化传承与创新的过程中，需要有文化自觉和文化自信。文化自觉是指对自身文化的认同和自觉，是传承和弘扬中华优秀传统文化的基础。文化自信是指对自身文化的自信和自强，是开展创新和创造的动力。在实现文化强国的进程中，高校图书馆作为知识传承和文化传播的中心，应当深刻领会文化自觉和文化自信的内涵，积极发挥作用，为实现文化强国贡献力量。

　　如何在保持传统的同时，进行适应时代发展的创新，成为高校图书馆面临的一大挑战。本书就是为了解答这个问题而编写的。本书旨在将理论与实践相结合，提供一种对高校图书馆的文化传承与创新的理论指导和操作框架，同时使读者对高校图书馆的文化建设有一个全面而深入的了解，也希望本书能为高校图书馆的工作人员提供一些启示。

　　本书分为七个章节，涵盖了高校图书馆的文化传承与创新的多个方面。第一章介绍了文化强国战略与高校图书馆文化，阐述了文化自觉和文化自信的重要性。第二章探讨了高校图书馆的隐性文化建设，包括物质文化、精神文化和制度文化建设。第三章着重分析了高校图书馆参与传统文化的传承与创新，探讨了其意义和策略。第四章介绍了高校图书馆参与高校校园文化的传承与创新，强调了其意义和策略。第五章讨论了高校图书馆如何弘扬阅读文化，探索了其意义和策略。第六章探讨了高校图书馆鼓励文化创意的举措，分析了文化创意产业的重要性。第七章讨论了高校图书馆参与社区公共文化服务的传承与创新，探索了模式构建和策略。

由于作者水平有限，书中的论点和论述难免有不全面之处，还请各位读者批评指正。

目　　录

第一章 文化强国战略与高校图书馆文化

第一节 文化强国战略概述

一、文化强国战略的酝酿、提出及发展

历史证明，一个国家的崛起不仅依赖于经济和军事力量，更需要文化的魅力和影响力。从国内角度出发，对文化的重要性的认识越来越明确，文化建设在经济社会发展中起着至关重要的作用。一个文化强大的国家是民族复兴的坚实基石，它有力地推动着中华民族的伟大复兴。

（一）党的十六大之前的文化产业发展情况

我国在 1992 年国务院批准的《文化部关于文化事业若干经济政策意见的报告》中，首次提出"文化经济"概念。在 2000 年中国共产党十五届五中全会上，通过了《中共中央关于制定国民经济和社会发展第十个五年计划的建议》，在该建议中首次出现了"文化产业"一词，并就文化产业布置了新的任务："完善文化产业政策，加强文化市场建设与管理，推动有关文化产业发展。"2001 年 3 月，"十五"计划中的建议被正式写进了第九届全国人大四次会议通过的规划，即《国民经济和社会发展第十个五年规划纲要》。自此，"文

化产业"正式被提到日程上来。

（二）党的十六大之后的文化产业发展情况

2002 年 11 月，党的十六大顺利召开，大会报告作出了当今文化、经济与政治融合，具有越来越突出地增强综合国力作用与地位的重要论断，呼吁全党同志要深刻认识文化建设的战略意义，积极推动文化事业和文化产业的繁荣发展。党的十六大的这一论断是我国对文化建设地位与作用认识的新飞跃。

2006 年 10 月，党在十六届六中全会上提出，解除文化发展体制性障碍，促进文化事业和文化产业的繁荣发展，增强文化软实力，推动中华文化走出国门，走向世界，提高中国国际影响力。

自党的十六届六中全会提出促进文化产业发展以来，陆续出台了很多文化产业的相关政策。国家除了出台大量关于发展文化产业、改革文化体制、鼓励非公有资本进入文化产业等相关政策之外，还出台了很多关于文化产业的财政税收政策、对外贸易政策及规范与管理文化产业市场的政策与条例。

1991 年，国务院出台了《文化部关于文化事业若干经济政策意见的报告》。

1996 年，国务院出台了《关于进一步完善文化经济政策的若干规定》。

2000 年，国务院出台了《关于支持文化事业发展若干经济政策的通知》，文化部颁布了《中华人民共和国文化产业发展第十个五年计划纲要》。

2003 年，国务院颁布了《文化体制改革试点中支持文化产业发展的规定（试行）》。文化部出台了《关于支持文化产业发展的若干规定》。

2004 年，文化部出台了《关于鼓励、支持和引导非公有制经济发展文化产业的意见》。

2005 年，国务院出台了《关于非公有资本进入文化产业的若干决定》。

2010 年 10 月，中共中央在"十二五"规划中，首次提出要使文化产业在未来五年时间里成为国民经济的支柱性产业的奋斗目标。由此可见，近年来国家越来越重视文化产业的发展。

党的十六大以来，社会主义先进文化理论也获得了新的发展，主要表现在三个方面：一是提出了发展文化生产力理论、国家文化安全论、"三贴近论"、先进文化能力论等新观点；二是坚持将社会效益置于首位，实现社会效益与经济效益相统一的老观点赋予新含义，强调社会与经济效益统一于人民群众多样化文化需求得到满足中，注重赢得市场；三是更加系统、深刻和全面地阐述了原有理论，如文化产业发展理论和文化体制改革理论。

时任我国文化部教育司司长的韩永进在 2005 年曾专门探讨研究过党的十六大以来社会主义先进文化理论新发展问题，他将新发展归纳为发展社会主义先进文化的"十大新论"。

（三）党的十七大提出了"文化强国"战略目标

2011 年 10 月，中国共产党第十七届中央委员会召开了第六次全体会议，即"十七届六中全会"。在此次会议上通过了一项决定，表明了党深化文化体制改革，推动文化大发展、大繁荣的坚定决心。

在十七届六中全会上通过的《中共中央关于深化文化体制改革推动社会主义文化大发展大繁荣若干重大问题的决定》中，提出了新时期的九项目标：一要认识推进文化改革发展的重要性与紧迫性，自觉、主动推动社会主义文化大发展大繁荣；二要坚持中国特色社会主义文化发展道路，努力建设社会主义文化强国；三要推进社会主义核心价值体系的建设；四要全面贯彻"二为"方向和"双百"方针；五要大力发展公益性文化事业；六要加快发展文化产业，推动文化产业成为国民经济支柱性产业；七要加快构建有利于文化繁荣发展的体制机制；八要建设宏大文化人才队伍；九要提高推进文化改革发展科学化水平。

十七届六中全会通过了《关于召开党的十八次全国代表大会的决议》，其中详细阐述了何谓"有中国特色的社会主义文化发展道路"，指出和谐文化是团结进步的精神支撑，应建设和谐文化，树立文明风尚。十七届六中全会指明了未来的前进方向。特别是，党的十七大首次确立的建设社会主义文化强国战略目标，对如何进一步推动社会主义文化大发展、大繁荣作了详尽的战略部署。正如时任中国艺术研究院副院长王能宪研究员在 2012 年所分析的，建设文化强国是坚持走具有中国特色社会主义道路的必然要求，是对当今世界潮流的深刻洞察与准确把握，这是文化发展规律使然。

在不足十年的光景里，我国文化产业逐渐变强，文化事业逐渐扩大到全局，即使在人类的产业发展历史上也较为罕见。即使在全球经济低迷、增长乏力的严峻形势下，我国文化产业仍能够逆势而上，保持高质量的运行状态。总体而言，党的十七大将发展文化产业和发展文化事业提到了国家战略高度，从国家层面对文化产业与文化事业给予了高度重视，并积极为发展文化产业营造了良好的制度环境。

（四）党的十八大提出扎实推进文化强国

2012年11月8日，胡锦涛同志代表党中央在中国共产党第十八次全国代表大会上，作了党的十八大报告。在报告中，进一步提出要扎实推进社会主义文化强国建设。党的十八大报告进一步概括和部署了文化建设工作，形成了更加清晰的文化强国建设的框架体系。

一是再次强调了文化建设的地位与作用，以实现全面建成小康社会目标和中华民族伟大复兴的新高度重新认识、定位文化："文化是民族的血脉，是人民的精神家园。"这一定位显示了我党的文化自觉与文化自信。

二是阐明了文化强国建设的完整思路。继十七届六中全会首次提出建设文化强国之后，党的十八大报告明确了文化强国"一条道路"的实现路径、"三个坚持"的基本原则及"三个面向"的发展思路。"一条道路"是指要走中国特色社会主义文化发展道路。"三个坚持"是指坚持"二为"方向（为人民服务、为社会主义服务），坚持"双百"方针（百花齐放、百家争鸣），坚持"三贴近"原则（贴近实际、贴近生活、贴近群众）。"三个面向"是指建设面向现代化、面向世界、面向未来的社会主义文化。

三是提出了建设文化强国"一个关键""五个目标"和"四项任务"的综合目标体系。所谓"一个关键"，是指增强全民族文化创造活力。从全面提高人民思想道德素质和科学文化素质、不断增强中华文化国际影响力等方面提出了"五个目标"。从加强社会主义核心价值体系、提高公民道德素质、丰富人民精神文化生活、增强整体文化实力和竞争力等方面提出了"四项任务"。

党的十八大报告为文化强国建设描绘了更为清晰的蓝图，注入了强大的动力，提出了更高的要求，是带领全国人民迈向社会主义文化强国宏伟目标的指南针。

（五）党的十九大相关文化建设

1.党的十九大报告明确了新时代文化建设的基本方略

党的十九大报告提出了新时代文化建设的基本方略，可以概括为四句话：明确了文化建设在中国特色社会主义建设总体布局中的定位，提出了新时代文化建设的目标，指出了新时代文化建设的着力点，提出了新时代文化建设的基本要求。

（1）基本定位。党的十九大报告进一步明确了文化建设在中国特色社会主义新时代的基本定位。党的十九大报告指出，中国特色社会主义新时代的主要矛盾是人民日益增长的美好生活需要和不平衡不充分的发展之间的矛盾。这意味着当代中国从站起来、富起来向强起来的转换过程中，当代中国人的需求也在发生深刻变化，已经由主要满足物质需求，转化为主要满足精神需求。文化建设的核心就是满足人的精神需求。满足文化需求是满足人民日益增长的美好生活需要的重要内容。正如习近平同志所说，满足人民过上美好生活的新期待，必须提供丰富的精神食粮。这说明，在中国特色社会主义新时代，文化建设的地位更加重要，作用更加凸显。

（2）新时代文化建设的目标。就是坚持走中国特色社会主义文化发展道路，激发全民族文化创新创造活力，建设社会主义文化强国。

（3）新时代文化建设的着力点。一言以蔽之，当今和未来相当长一段时间内，建设中国特色社会主义文化，就是秉承中国的文化价值理念，坚持中国的文化立场，立足于当代中国的文化发展现状，思考和解决当代中国人关心的文化问题，提出中国的文化方案。

（4）新时代文化建设的基本要求。就是三个坚持：坚持为人民服务、为社会主义服务，坚持百花齐放、百家争鸣，坚持创造性转化、创新性发展。

2.党的十九大报告强调文化自信的基础性地位

坚定文化自信是党的十九大报告中文化建设部分的关键词。党的十九大报告中提道"没有高度的文化自信，没有文化的繁荣兴盛，就没有中华民族伟大复兴。"习近平同志也说"四个自信"，其中，文化自信是更基础、更广泛、更深厚的自信，文化自信是最根本的自信。可以讲，文化自信处于一种基础性的地位。为什么习近平同志把文化自信提到这么高的位置？笔者觉得有以下三个原因。

第一，文化自信是建设社会主义文化强国的动力之源。讲文化自信是基于对文化发展规律的认识和把握，之所以能够坚定文化自信，是因为中国强大的经济实力为当代中国文化的繁荣提供了保障。从历史上看，一个国家、一个民族实力强盛，其文化往往也会比较繁荣。

第二，先进的文化理念是经济发展、社会进步最重要的动力之一。就像党的十九大报告中所讲的，没有高度的文化自信，没有文化的繁荣兴盛，就没有中华民族的伟大复兴。把文化自信作为文化乃至民族复兴的一个动力之源。习近平总书记的论述深刻体现了辩证法的思想和逻辑，马克思主义认为经济是基础，但也认为上层建筑，包括意识形态，对经济基础有强大的反作用力。

第三，推动中国文化繁荣兴盛需要坚定文化自信。党的十九大报告中提出，中华民族五千多年文明历史所孕育的中华优秀传统文化，党领导人民在革命、建设、改革中创造的革命文化和社会主义先进文化，都是中国特色社会主义文化的优势所在。有以上三种文化的支撑，中国应该有足够的自信。也正是在这一点上，是其他民族乃至政党所难以比拟的。

（六）党的二十大：推进文化自信自强，铸就社会主义文化新辉煌

党的二十大报告在总结社会主义文化建设经验上有新概括，在目标任务上有新要求，在战略部署上有新提法，值得高度关注。

一是建设具有强大凝聚力和引领力的社会主义意识形态。牢牢掌握党对意识形态工作领导权，全面落实意识形态工作责任制，巩固壮大奋进新时代的主流思想舆论。健全用党的创新理论武装全党、教育人民、指导实践工作体系。深入实施马克思主义理论研究和建设工程，加快构建中国特色哲学社会科学学科体系、学术体系、话语体系，培育壮大哲学社会科学人才队伍。加强全媒体传播体系建设，塑造主流舆论新格局。健全网络综合治理体系，推动形成良好网络生态。

二是广泛践行社会主义核心价值观。弘扬以伟大建党精神为源头的中国共产党人精神谱系，用好红色资源，深入开展社会主义核心价值观宣传教育，深化爱国主义、集体主义、社会主义教育，着力培养担当民族复兴大任的时代新人。推动理想信念教育常态化制度化，持续抓好党史、新中国史、改革开放史、社会主义发展史宣传教育，引导人民知史爱党、知史爱国，不断坚定中国特色社会主义共同理想。

三是提高全社会文明程度。实施公民道德建设工程，弘扬中华传统美德，加强家庭家教家风建设，加强和改进未成年人思想道德建设，推动明大德、守公德、严私德，提高人民道德水准和文明素养。统筹推动文明培育、文明实践、文明创建，推进城乡精神文明建设融合发展，在全社会弘扬劳动精神、奋斗精神、奉献精神、创造精神、勤俭节约精神，培育时代新风新貌。

四是繁荣发展文化事业和文化产业。坚持以人民为中心的创作导向，推出更多增强人民精神力量的优秀作品，培育造就大批德艺双馨的文学艺术家和规模宏大的文化文艺人才队伍。健全现代公共文化服务体系，创新实施文化惠民

工程。健全现代文化产业体系和市场体系，实施重大文化产业项目带动战略。加大文物和文化遗产保护力度，加强城乡建设中历史文化保护传承，建好用好国家文化公园。加强青少年体育工作，促进群众体育和竞技体育全面发展，加快建设体育强国。

五是增强中华文明传播力影响力。坚守中华文化立场，提炼展示中华文明的精神标识和文化精髓，加快构建中国话语和中国叙事体系，讲好中国故事、传播好中国声音，展现可信、可爱、可敬的中国形象。加强国际传播能力建设，全面提升国际传播效能，形成同我国综合国力和国际地位相匹配的国际话语权。深化文明交流互鉴，推动中华文化更好走向世界。

二、文化强国战略的意义

（一）以文化强国助推社会经济的和谐发展

在现今的社会背景下，中国在经历了经济的高速增长后，也面临着一系列的问题和挑战。其中，马克思主义唯物辩证法提出的观点可以给出很好的解释：经济基础虽然决定了上层建筑，但反过来看，上层建筑也同样对经济基础产生影响。所以，要解决经济发展过程中遇到的问题，就需要一个精神支撑，那就是文化的力量。因为文化既由经济和社会的发展阶段所决定，也反映了经济和社会，更能对经济和社会产生反作用力。

因此，建设文化强国，可以更好地推动经济社会的发展，并且能够促进文化自身的发展，使文化的发展和经济及社会的发展相协调。这样，就能推动整个社会的协调发展，符合国家建设和谐社会的要求。在发展中，追求的是全面的现代化，要把中国建设成为富强、民主、文明、和谐的社会主义现代化国家。因此，其目标决定了不能仅仅追求经济的发展，也要相应地促进文化的发展。要坚持经济建设和文化建设同步发展的原则，保持二者的平衡。

（二）建设文化强国，增强我国的文化"软实力"，提高国际竞争力

在当今世界，国际竞争已经不仅仅是传统的经济和科技的竞争了，更重要的是文化的竞争。在这种趋势下，许多国家开始提出"人文"的理念，提出要构建"人文"世界。因此，世界各国对文化的关注度也越来越高。

我国自改革开放以来，开始走向世界，大批的中国人开始了和国外的接

触。这种接触，不仅仅是一种经济的接触，更是一种文化的接触。然而，在这个过程中，国外的一些反应却使我们看到了一些问题：中国人在财富积累上的成就引人注目，但是文化素质却不高。这一问题值得我们深思：中国作为一个有着五千年历史的文明古国，传统的礼仪之邦，在现代社会为何会给人一种文化素质不高的印象？因此必须加强精神文明建设，在社会上树立文明风尚，提高全民的文明素质，以期在国际政治、经济和文化交流中展现出一个有教养、有礼貌的大国形象。建设文化强国，实际上就是要提升国人的文化素质，增强国家的文化软实力，从而提高国际竞争力。

（三）建设文化强国，为人民带来福祉

中华民族能够在几千年的历史进程中延续下来，而不足像西方社会那样分裂成许多的民族国家，这得益于中华民族的强大凝聚力。但是文化并不是一成不变的，必须不断地创新才能紧跟时代的潮流，才能不断地发展下去而不是被更先进的文化所淘汰。

为了使我国优秀传统文化更好地传承，需要不断地吸收新鲜的"血液"，满足人民群众随着经济的发展而日益增长的精神文化的需求。文化强国的建设，就是一个不断增加新鲜"血液"的过程，这不仅能够融合我国优秀的传统文化，使我国的传统文化在今天具有时代的价值，也能够给中华民族注入新的活力，使之能够持续发展。

第二节　高校图书馆文化概述

一、图书馆文化的兴起

企业文化的兴起源自企业管理的发展。任何一个组织发挥功能都需要接受管理，而企业本身就是一个管理的组织。然而，管理背后是文化，不同的文化造就了不同的管理风格和模式。随着企业管理的发展和社会竞争的加剧，企业管理经历了分权管理、跨国经营、矩阵组织和战略经营等阶段。这些变化促使企业不断改善管理、创新管理理论，以弥补传统管理模式偏重理性的不足，从

而催生了企业文化的兴起。

图书馆管理也经历了类似的过程。管理是图书馆实现既定目标的手段。图书馆管理经历了从管理书籍到管理制度，最终意识到图书馆管理是对人的管理的过程。从管理理论的演变中可以看出，无论哪种管理理论，都是针对人的，都在研究人的动机和需求。随着对人的研究不断深入，新的管理理论不断强调文化需求和文化人特性，如人的思想、感情和各种需求。这最终引出了文化管理的概念。现代图书馆管理的核心是对人的管理。要实现图书馆的目标，必须重视对图书馆人的文化特性的研究，引入以人为本的文化管理制度，形成以人为中心的管理文化，从而产生图书馆文化。

图书馆文化是图书馆管理创新的结果。自 20 世纪 90 年代起，全球进入知识经济时代，涌现出许多新的思想、理念、技术和知识。研究表明，决定社会发展竞争优势的是人才和科学技术的优势，而创新决定了人才和科学技术的优势。因此，创新成为现代管理的时代趋势。同时，传统的图书馆管理模式已无法适应新世代的运行特点。为了更好地生存和发展，图书馆必须对传统的管理理念和方式进行改革和创新。

通过改革创新，建立全新的管理运行机制，以适应社会发展的需求。观念创新是管理创新的前提，也是创新成功的保证。观念创新要确立现代的管理意识，解放思想，彻底改变以藏为主、重藏轻用、被动服务、封闭自守、各自为政、浪费文献资源的落后藏书格局。图书馆的管理创新目标是通过创新观念和行为来加强图书馆的管理，创新业务管理和文献资源体系，进一步应用电子技术、网络技术和数据库技术。通过变革图书馆的管理理念和思路，将图书馆从职能型文献信息收藏机构转变为研究型服务机构。图书馆的管理创新中尤为重要的是人力资源管理。通过善于识人、善于任人，根据每个人的性格和才能确定不同的工作岗位，最大限度地发挥每个人的长处，激发员工的积极性和创造性，发挥最大潜能，使管理和服务达到最佳效果。

基于对人的主观能动性的重视和改变原有管理观念的基础上，图书馆文化作为与企业文化相对应的概念，最早由美国图书馆管理学学者提出，旨在提高传统文化中心——图书馆的管理水平。

通过改变原有管理观念、充分重视人的主观能动性，图书馆文化作为与企业文化相对应的概念在图书馆管理中得到了引入。中国在 20 世纪 90 年代初正式提出了"图书馆文化"的概念。这一概念的提出是建立在国内的文献调查的基础上的。早期有关图书馆文化的专论文章是学者王胜祥于 1989 年发表在《黑龙江图书馆》第 3 期上的《论图书馆文化》。当时，企业文化正在全面发展，并展示了传统管理方式所无法达到的效果。

例如，与国内某些饭店相比，麦当劳给人一种不同的感觉。这种差异源于企业文化的不同。麦当劳对顾客的关怀体现在永远开放的空调，而员工办公室里只会开一个小风扇。这样的细节展示了麦当劳员工维护企业利益和形象的素质。这种效果不是通过死板的管理制度可以达到的，而要依靠长期树立的企业文化。图书馆作为一个管理组织，其产生和发展源于文化，为发展文化提供服务，并在长期的生存和发展过程中形成了独特的文化。这种特有的文化体现在图书馆的风貌、管理状况以及馆员和读者之间形成的凝聚力、感召力、规范力和约束力上，不断为图书馆提供动力。同时，它还能营造积极、和谐、向上的工作氛围，对图书馆的发展起到巨大的推动和促进作用。图书馆文化建设关系到图书馆在社会中的地位、形象，乃至整个图书馆事业的繁荣和发展。

因此，图书馆工作者越来越清醒地认识到，在图书馆管理中注重图书馆文化建设的重要性。许多学者和图书馆工作人员从不同角度，采用不同方法对图书馆文化进行了研究，并取得了一定的研究成果。大多数学者在研究图书馆文化现状的基础上，科学地探讨了图书馆文化的历史渊源关系，提倡批判性地继承历史传统、建立充满时代精神的新型图书馆文化体系等内容。主要的研究成果包括继承和发扬历史上一切优秀的图书馆文化，科学地认识和了解国内外图书馆文化发展的最新动态，加速我国图书馆文化建设，研究图书馆文化史和文化现象等方面。这些研究成果对于建设信息时代的新型图书馆文化具有重要的借鉴作用。

二、高校图书馆文化的内涵

图书馆文化，特别是在高校环境中的图书馆文化，是一种特殊的文化形态。它是由图书馆及其工作人员以大学文化为背景，以图书文化为基础，在图书的管理、提供和利用过程中所形成的一种特殊的思想观念、行为方式、价值准则、道德规范、心理态势和知识体系的综合体现。这一特色文化涵盖了意识形态和物质形态的诸多方面，并以一种独特的外在形象呈现出来。

在高校环境中，图书馆文化从一片复杂的"土壤"中生长发展起来。这片"土壤"的构成在宏观上包括社会的政治、经济、文化等方面，而在微观方面，其基本的生长点则是大学、图书和馆员。大学是一个培养人才、研究科学的文化场所，承载着传承、建设和发展高层次文化的使命。由大学的历史传统与时代精神融合而成的大学文化，渗透并作用于包括图书馆在内的所有组织和个人，为大学校园中各种亚文化的形成奠定了基础，也使得这些亚文化具有浓厚的大学文化特色。

由于高校图书馆的主要任务是为高校的教学和科研服务，因此图书的选择需要特别关注其学术品位和文化内涵。在高校图书馆中集结的是古今中外的精品图书文化，因此高校图书馆文化也必然具有"精品"色彩。馆员作为高校图书馆工作者，他们来自不同的学科专业，具有深厚的文化素养。他们在高校图书馆特有的文化氛围中，创造了一种内涵丰富、特色鲜明的高校图书馆文化。尤其是高校图书馆馆长，他们往往是学术造诣深厚的著名学者或教授，代表着高校图书馆的学术地位和文化形象。

高校图书馆与一般图书馆相比，其内涵更丰富，层次更高，其深度和高度均在一定程度上反映了大学的学术氛围和文化精神。这种文化从大学的"土壤"中萌发，遍布高校图书馆的各个角落，并逐渐影响高校图书馆的每一项服务和每一位工作人员。它是大学文化与图书文化相互交融，兼容并蓄的结果。更为关键的是，它体现了高校图书馆在学术交流、知识传播和文化创新中的不可或缺的地位。

（一）高校图书馆文化的内涵深厚，旨在倡导并传播学术价值观

大学，作为知识和文化的殿堂，是学术和思想自由碰撞的场所。大学文化所倡导的独立思考、创新研究、无畏求真的精神，都无不在图书馆文化中得到体现。此外，作为大学的一部分，图书馆更加深入地研究、理解和推广了大学文化的精髓。图书馆不仅收藏和提供了大量的学术资源，还通过各种方式，如讲座、展览、讨论会等，引导学生和教师深入探讨学术问题，从而加深他们对大学文化的了解。

（二）高校图书馆文化层次更高，体现了一种精英文化的特征

大学是知识和文化的聚集地，也是精英教育的场所。这种精英教育的理念和实践，也无疑影响高校图书馆文化的形成和发展。例如，高校图书馆在选择图书和提供服务时，都会考虑到其学术价值和专业性，满足大学师生的学术需求。高校图书馆的馆员都曾经历过专业的培训和严格的选拔，他们不仅有深厚

的专业知识，还具备优秀的学术素养和服务精神。他们是高校图书馆文化的创造者和传播者，也是高校图书馆文化的实践者和守护者。

高校图书馆文化的内涵和层次，不仅表现在高校图书馆的硬件设施，如藏书、设施、环境等，还表现在软件环境上，如服务质量、管理方式、学术氛围等。这种软硬件相结合、相辅相成的情况，使高校图书馆文化更加丰富和多元。

高校图书馆是学术交流和文化传播的重要场所。高校图书馆文化的发展，无疑会推动大学文化的进步，也会为学生和教师提供一个更优质、更开放、更多元的学术环境。因此，需要深入理解和珍视高校图书馆文化的内涵和层次，从而更好地发挥高校图书馆在高等教育中的重要作用。

三、高校图书馆文化的内容

高校图书馆文化是高校图书馆在建设和发展过程中所积累的物质和精神财富的综合体。从广义上讲，它包括高校图书馆所拥有的各类资源和设施以及通过服务和管理所形成的工作理念和价值观念。从狭义上理解，高校图书馆文化是在长期的发展中形成的一种独特的精神文化，它体现了高校图书馆工作人员在育人和管理方面的理念和准则。高校图书馆文化由多种文化构成，包括物质文化、行为文化、制度文化和精神文化。高校图书馆文化与高校校园文化密切相关，并相互促进，共同塑造着高校的特色文化。

（一）高校图书馆物质文化

高校图书馆物质文化是指由高校图书馆馆舍、馆藏以及环境三大部分组成的集体现象。这些物质元素共同构建了高校图书馆的特殊空间，让人们能感受到浓厚的知识氛围，激发人们对知识的追求和向往。

1.馆舍文化

馆舍文化主要体现在馆舍的选址、建设风格、建筑设计以及空间结构上。这些方面都必须适应读者的身心需求，以经济、美观、灵活适用的实用空间和合理的组合，营造出良好的文化氛围。只有这样，进入高校图书馆的人才会感受到如同进入知识的海洋一样，被知识的力量所吸引，对知识产生追求和向往。

在今天的社会发展中，馆舍文化建设应着重体现个性化原则、开放性原则、灵活性原则、人文化原则、智能化原则和艺术性原则。高校图书馆不仅是一个物质空间，更是一个精神空间，是知识的殿堂，也是思想的乐园。因此，高校图书馆的设计和建设应该满足读者的物质需求和精神需求，创造出一个既有深度又有广度的学习空间。

2.馆藏文化

馆藏文化主要体现在高校图书馆的馆藏构成和管理上。这些馆藏包括各种形式的载体，如纸质载体、电子载体等。这些载体是知识的存储和传播工具，是文化的基础和源泉。通过这些馆藏，人们可以了解和研究各个领域的知识，提升自身的学识和素养。

在当今的信息化社会中，高校图书馆的馆藏已经扩展到了网络信息资源，形成了实体馆藏和虚拟馆藏两个部分。这一变化不仅满足了读者对信息的多样化需求，也拓展了高校图书馆的服务范围和功能。同时，高校图书馆必须坚持以先进文化为前进方向，牢固占领思想文化这块阵地，严把进书质量关，向广大读者推荐内容健康、思想向上、形式多样的精神产品，满足不同层次读者的文化需求，使读者从中得到教育和启发。

3.环境文化

环境文化主要体现在高校图书馆的内部环境设计上。这些设计旨在营造出以人为本的和谐氛围，满足读者的学习和研究需求。这些设计包括材料、光线色彩、室内绿化以及各种设备的配置等。

内部环境设计潜移默化地影响着读者的精神与需求，对读者的学习效率有着直接的影响。因此，高校图书馆的装修设计必须服从于功能，朴实高雅，简洁大方，经久耐用。同时，还需要考虑安全和环保的问题，确保高校图书馆是一个安全、健康、舒适的学习空间。

（二）高校图书馆精神文化

1.制度文化

制度文化是高校图书馆精神文化的重要组成部分，是高校图书馆在历史的长河中逐步积累形成的一种规范行为的方式，对高校图书馆的秩序和正常运行起到重要的作用。制度文化主要包括各种规章制度、学习、科研、工作模式、群体行为规范等软件环境，体现在日常行为规范、部门岗位职责、业务工作细则、奖惩制度、图书借阅保护规则等各种管理制度中。高校图书馆的制度文化对每个馆员和读者的行为都具有规范约束作用，为评定馆员和读者的品质、人格和行为等提供了内在尺度，使馆员和读者在制度的约束下逐步养成良好的行为习惯。

制度文化要充分体现以人为本的原则，对现有的采访、流通阅览等内部管理规定进行修订，保证读者不仅拥有第一的名分，更拥有第一的地位和权利。读者代表应和馆领导一起参与高校图书馆重大事务的决策，他们不仅拥有知情权和建议权，而且拥有监督权和否决权。这种人文关怀的规则应充盈高校图书馆的每一个角落，体现在每个行动细节中。

2.人文环境文化

人文环境文化是由馆员的行为和奉献精神所呈现出的一种文化形式，是高校图书馆文化的核心，是治馆之魂。高校图书馆担负着提高大学生艺术修养、陶冶审美情操的任务，是校园丰富多彩文化的组织者和倡导者之一。高校图书馆应根据自身的优势和现代化手段，多开展具有思想性、知识性、学术性、趣味性的丰富多彩的文化活动，成为先进文化信息收集、加工、整理以及服务交流的基地和教育的最佳场所。

人文环境文化，是馆员发挥主观能动性所形成的馆风，是高校图书馆工作人员在长期的工作实践中所形成的一种相对稳定的思想行为风尚。它包括馆员的政治态度、精神面貌、思想情操和职业道德等各种群体意识和群体精神。高校图书馆馆员除了应具有一般社会群体应该具备的远大理想、高尚人格和正确的世界观、人生观、价值观之外，还必须具有高校图书馆人所特有的精神风貌，即默默无闻、勇于奉献的精神，读者至上、真诚服务的精神，以馆为荣、互相协作的精神，言传身教、为人师表的精神，刻苦钻研、创新工作的精神，等等。

高校图书馆的人文环境文化和制度文化共同构成了高校图书馆的精神文化，它们都是高校图书馆这个特殊空间的重要组成部分，都在不断地影响和塑造着高校图书馆的形象和品质。它们不仅是高校图书馆服务功能的实现，而且是高校图书馆特色的展示。通过深化和拓展高校图书馆精神文化，可以更好地发挥高校图书馆的社会功能，促进社会文化的发展。

四、高校图书馆文化的基本特征

任何事物都具有其普遍性和特殊性。在广阔的图书馆文化范畴中，高校图书馆文化展示出了独特的个性化特征。亚文化是相对于主导文化而言的，是指由特定社会群体创造、信奉和推动的一种独特的文化价值观、思维方式和生活风格。群体及其成员对某种特定文化观念的共同认同是形成亚文化的关键要素。

高校由一群具有较高学术能力的教师和年轻学生组成，他们以相仿的年龄和相同的兴趣、身份、阶级、职业等标识，塑造了独特的高校校园文化特征。这些特征直接影响了学校的教育方向和活动方式，奠定了学校所有教育活动的基础，构筑了学校的基本文化内涵和背景。这一文化特质通过校园群体的互动交流行为渗透图书馆文化，使高校图书馆文化展现出明显的校园亚文化特点。

（一）规范性与教育性

文化是人类创造出来的，反过来又影响和塑造人类。无论人们愿不愿意，无论人们意识到与否，都会受到所处环境中已存在的文化的影响、熏陶和规范。这是一个客观存在的过程，不会因为人的意志而改变。高校是有目标、有计划地培养专业人才的组织。按照设定的目标和社会需求，高校对学生进行教育和培养，使他们成为社会主义建设者和接班人。这明确的目标和要求决定了高校校园文化具有明显的教育性和规范性。高校图书馆文化作为高校校园文化的一部分，必然也具有这些特性。高校图书馆文化通过规范师生的学习行为，引导他们遵循学术规范，提升他们的学术素养，提高他们的文化素质。

（二）社区性

高校图书馆文化作为高校校园文化的一部分，是由图书馆工作者、教职工和学生在特定的区域——校园中共同创造并形成的一种物质、制度、精神文化。这种文化具有鲜明的社区性，它是在特定的社区环境中产生和发展的，反映了高校社区的特点和要求。它以高校社区为主体，反映了高校社区的需求和愿望，体现了高校社区的价值观和精神风貌。它不仅服务于高校社区，而且受到高校社区的参与和影响，是高校社区的重要组成部分。

（三）馆藏特性

高校图书馆的馆藏建设受到学校的教育目标、专业设置和学术研究的影响。例如，医学院的图书馆会以医学专业及相关专业的资料为主，师范院校的图书馆则会突出师范教育的馆藏特色。这种馆藏特性是根据学校的特定需求和条件来调整和规划的，是学校办学特色的体现。通过这样的馆藏建设，高校图书馆可以更好地为师生的教学和科研提供支持，可以更好地满足师生的学术需求。

（四）兼具学校服务性与社会服务性

高校图书馆的主要任务是为师生的教学和科研提供文献信息服务。随着信息网络化和一体化的发展，高校图书馆的信息服务将向社会扩展，成为学校科研成果转化的信息中介，成为学校与社会企业之间产学研结合、推动高科技产业走向社会的桥梁。这种服务特性体现了高校图书馆在满足学校内部需求的同时，也关注和服务社会。

（五）师生参与性

相比于公共图书馆的读者，高校师生具有更高的整体素质，具有较强的独立性、主观性和创造性。他们的阅读活动不仅推动了图书馆提高服务质量，如根据阅读倾向提供的科研动态，进行跟踪定题情报服务，同时，他们也在阅读活动中参与高校图书馆文化建设。例如，师生通过查阅书刊，提出馆藏文献建设的反馈意见；学生在图书馆围绕读书进行的一系列主题活动促进图书馆导读、宣传、教育等活动的开展。这种师生参与性体现了高校图书馆文化的开放性和共创性。

五、高校图书馆文化传承与创新的功能

在高等院校培养人才的过程中，高校图书馆承担着多重文化职能。首先，它具备对学生进行思想品德教育的职能，通过馆藏资源的选择和展示，引导学生树立正确的价值观和道德观。其次，高校图书馆在配合教学进行专业教育方面发挥着重要作用，为师生提供各类学术文献和参考资料，帮助他们深入学习和掌握专业知识。同时，图书馆也扩大了学生的知识面，开展综合教育，提供多元化的文献资源，提高学生的综合素质和跨学科学习能力。此外，高校图书

馆还承担着指导读者利用文献进行科学研究和提升信息素质的职能，提供信息检索、文献服务等支持，帮助师生开展科研工作和信息素质教育。因此，高校图书馆工作是教学科研的重要组成部分，其工作水平直接关系到学校整体教学科研水平的提高。高校图书馆文化不仅具备一般图书馆文化的功能，还具有以上多重职能，为高等院校的教育事业发挥着重要作用。

（一）引导功能

高等教育机构被赋予了责任和使命，需要按照《公民道德建设实施纲要》的要求，培养全面发展的社会主义事业的建设者和接班人。高校学生不仅要有远大的理想，还要具备道德修养，有良好的文化素养，同时还要遵守纪律，成为合格的公民。为了实现这个目标，学校的各项工作都需要围绕这个中心进行。这也是党的教育方针和社会主义办学方向的要求。

高校图书馆作为学校的重要组成部分，其文化活动也必须服从并服务于这个政治方向，引导学生朝着这个目标努力。高校图书馆不仅是知识的海洋，也是塑造学生思想的熔炉。高校图书馆文化必须保证对学生的引导是积极的、正确的，必须按照培养合格人才这一要求，营造积极的文化氛围，确立正确的方向。

在方向性特征上，高校图书馆应以学校的办学目标为指引，以服务学生成长成才为使命，以支持学校的教学和科研为职责。高校图书馆的馆藏策略、阅读推广活动、知识讲座等文化活动，都应体现这种方向性特征，引导学生积累专业知识，培养批判性思维，发展个人兴趣，形成正确的人生观和价值观。

在引导功能上，高校图书馆应通过其丰富的资源和多元的服务，帮助学生树立正确的学习观念，形成积极的学习态度，激发学习兴趣，提高学习效率。例如，高校图书馆可以设立读书俱乐部，引导学生深入阅读，分享读书感受，激发读书热情。高校图书馆可以开展主题讲座，引导学生关注社会热点，提高社会责任感。高校图书馆可以提供科研咨询服务，引导学生开展科研活动，培养创新能力。高校图书馆可以提供信息素养培训，引导学生合理利用信息资源，提高信息素养。

（二）信息功能

现代社会，信息已经成为社会生产力发展的重要动力，它在经济活动中发挥着至关重要的作用。随着生活节奏的加快，教育科学文化的日新月异，图书馆文化面对的出版物市场已经不再以纸质书为主，读者的需求也在不断变化。特别是数字信息技术的兴起，为图书馆提供了新的机遇和挑战。在这个背景下，高校图书馆必须了解并适应这种变化，以多载体特征和信息功能的发展为重点，将各种信息整合成为一个有机的整体，以满足教学和科研的需求。

在多载体特征上，图书馆不仅需要收集和提供传统的纸质书籍，还需要提供电子书籍、音频、视频、互动多媒体等多种形式的信息资源。这些不同形式的信息资源，不仅可以满足不同读者的需求，还可以丰富教学和科研的方式，提高教学和科研的效率。例如，音频和视频可以用来辅助教学，使学生可以通过直观的方式理解复杂的概念；互动多媒体可以用于开展在线实验，使学生可以在虚拟环境中探索和学习。

在信息功能上，图书馆不仅需要提供丰富的信息资源，还需要提供高效的信息服务，包括信息检索、信息分析、信息咨询等。这些服务可以帮助读者更快更准确地找到需要的信息，提高信息的利用效率。例如，信息检索服务可以帮助读者快速找到相关的书籍和文章；信息分析服务可以帮助读者理解和评价收集到的信息；信息咨询服务可以帮助读者解决在信息使用过程中遇到的问题。

在信息技术的应用上，图书馆需要积极采用和开发新的信息技术，以提高信息服务的效率和效果。例如，图书馆可以使用大数据和人工智能技术，对收集到的大量信息进行深度挖掘和分析，以发现和预测读者的需求；图书馆可以使用云计算和物联网技术，实现信息资源的云端存储和智能管理，以提高信息资源的可用性和可靠性。

随着数字信息技术的发展，图书馆的多载体特征和信息功能得到了前所未有的发展和提升。例如，现代化图书馆开始构建电子图书、音频、视频、数据库等数字化资源，为读者提供更广阔的学习和研究空间。同时，这种多载体特征的丰富和信息功能的增强也为图书馆的创新服务提供了可能。以在线教学、远程咨询、虚拟参观等为代表的新型服务模式，都是在这种背景下催生并得到发展的。

（三）教育功能

在当今的信息社会，图书馆不仅是知识的宝库，更是社会教育的重要阵地。图书馆文化的高素质特征和教育功能在现代社会中发挥着重要作用。高素质特征指的是图书馆馆员必须具备较高的文化修养和知识水平，而教育功能则是指图书馆通过收集、提供和利用信息的方式对社会公众进行教育。

图书馆工作者是图书馆文化的教育功能的关键。他们不仅要有深厚的文化修养和专业知识，还需要具备广博的知识结构，使自己的服务范围更加广泛，满足现代图书情报事业的发展需求。他们需要通过不断地学习和实践，不断更新知识，提高专业技能，扩大服务领域，以满足图书馆读者不断变化的需求。

图书馆馆员不仅要通过提供高质量的信息服务来教化读者，更需要通过自己的行为和态度影响和教育读者。他们需要具备良好的职业道德和服务态度，树立良好的图书馆形象，引导读者养成正确的信息获取和利用习惯，提高读者的信息素养和文化素质。

图书馆的教育功能不仅体现在提供信息服务上，更体现在对读者进行全面教育上。图书馆需要通过举办各种学术讲座、展览等活动，提供各种形式的教育资源，满足读者的各种教育需求。这些活动不仅可以提供信息，还可以培养读者的学术研究能力，提高读者的学术素养和人文素质。图书馆还需要通过引入新的教育理念和方法，提高教育效果。例如，可以通过采用新的教育技术，如在线学习、虚拟现实等，使教育更加有趣和有效。也可以通过跨学科的合作，促进学科间的交流和碰撞，开发新的教育资源，提高教育的多元性和丰富性。

当然，图书馆的教育功能不仅限于校园内，还需要向社会开放，为社会公众提供教育服务。图书馆需要以开放的态度，接纳社会公众，提供各种教育资源和学习机会，这样可以帮助社会公众提高知识水平，提升文化素养，也可以拓展图书馆的服务领域，提高图书馆的社会影响力。

（四）创造功能

在现代社会中，高等学校的图书馆在精神文化的创造中发挥着十分重要的作用。其高层次特征和创新功能对于知识的传播和创新思维的培养具有深远的影响。

图书馆的高层次特征体现在其知识库中。图书馆藏书丰富，涵盖各个学科和领域，为读者提供了一个深入研究和探索的平台。此外，图书馆馆员的高素质也是其高层次特征的体现。他们的专业知识和服务精神，对于读者的学习和研究具有指导和帮助作用。

图书馆的创新功能则主要表现在对创新思维的培养和创新能力的提升上。

高等学校的图书馆，尤其是在现代科技和信息技术的推动下，已经成为知识创新的重要场所。图书馆不仅提供了丰富的学术资源，更重要的是为学生、教师和研究者提供了一个学术交流和思想碰撞的平台。在这里，人们可以自由地探索新知识，挑战传统思维，尝试新的研究方法和理论框架。

图书馆的高层次特征和创新功能对于大学生的成长尤为重要。大学生正处在知识和思想观念形成的关键阶段，他们需要一个开放的环境来接触新的思想，吸收新的知识。图书馆就是这样的一个环境，它不仅可以提供丰富的信息资源，更可以提供多元的视角，开阔他们的思维视野，促进他们的全面发展。同时，图书馆也是社区文化建设的重要场所。它以其丰富的资源和开放的环境，吸引了拥有不同背景的人们。他们在图书馆里交流思想，分享知识，共同构建一个多元的文化社区。图书馆文化不仅反映了社区的多样性，更反映了社区成员的创新精神和文化修养。

（五）服务功能

传统图书馆的读者服务工作主要是通过馆员与图书、期刊、报纸等载体进行交互，或者通过这些载体与读者进行互动。然而，现代图书馆已经广泛运用计算机、复印机以及各种现代化设备，如微缩、光电传输、只读光盘、音频、视频和联机网络等。这些自动化设备和技术的应用，使得图书馆文化具有自动化的特征，并且大大改变了其服务功能。在这个转型的时期，读者的需求已经向信息化和情报化方向转变，因此高校图书馆的读者服务工作也必须转向信息服务，以适应发展形势的需求。图书馆工作人员正在积极改变传统的服务模式，主动创造条件，使服务从被动封闭转变为主动开放。随着微机普及、软件更新和网络化建设的加快，图书馆的服务功能不断扩展，服务对象更广泛，技术手段更多样，信息传递速度更快。图书馆文化的功能得到了充分的拓展和发挥。为了真正做到"读者第一、服务至上"，图书馆必须加快读者服务体系的改革。

首先，要从读者的需求出发制定有利于读者服务的规章制度；其次，根据读者的实际需求，合理组织馆藏文献和目录，并利用现代化信息技术开展多样化的服务活动；最后，还应积极发展信息产业，做好图书馆文献的开发和网上利用，以满足广大读者的知识需求。图书馆工作具有科学性、技术性和实用性，因此，图书馆工作者必须运用现代科学技术和管理方法来武装自己，注重提高专业知识水平和专业技能，在为读者服务的过程中不断更新观念，提高自身素质，掌握自动化服务的能力，从而推动图书馆事业的发展。

在现代图书馆中，自动化是一个显著的特征。自动化设备和技术的广泛应用使图书馆的工作更加高效、便捷。图书馆的自动化借还书系统大幅提升了图书馆读者借阅书籍的速度和便利性，读者可以自助完成借还书手续；OPAC（联机公共查询目录检索系统）则提供了准确高效的文献检索服务，读者可以迅速找到所需的图书和资料。此外，图书馆的数字化资源建设和网络技术的应用，使读者可以通过互联网远程访问图书馆的文献信息资源，实现在线阅读、下载和咨询。这些自动化特征使图书馆能够更好地满足读者的信息需求，提供更加便捷的服务体验。

图书馆的服务功能也在自动化的背景下得到了显著改善和拓展。自动化技术的应用使图书馆能够更加精确、高效地管理馆藏资源，提供个性化的读者服务。例如，通过图书馆管理系统，图书馆可以对馆藏资源进行准确的统计和管理，根据读者的需求和借阅情况进行馆藏的调整和更新，确保读者能够获得所需的图书和资料。同时，图书馆还可以通过数字化资源和网络平台，提供在线参考咨询服务，为读者提供专业的学术支持和指导。图书馆的服务功能日益多样化和个性化，不仅满足了读者对图书馆资源的借阅需求，也为其提供了更广泛的学术交流和知识获取渠道。

随着科技的不断进步和社会信息化的发展，图书馆的自动化特征和服务功能将进一步完善和拓展。图书馆工作者应密切关注科技发展的趋势，及时更新技术和知识，不断提升自身的专业能力，更好地适应和引领图书馆的发展。通过自动化的手段和创新的服务模式，图书馆将继续为读者提供便捷、高效的知识服务，促进学术研究和学习的进步，为社会的发展作出更大的贡献。

（六）效益功能

如今，高校图书馆作为人类文化遗产的传播者，已经打破了封闭的"疆土"观念，积极拓展服务领域，向社会服务方向迈进，这使高校图书馆文化的社会化特征越发明显，效益功能日益显现。除了传统的社会效益外，高校图书馆通过提供"有偿服务"也获得了经济效益。这种经济效益对于发挥图书馆文化功能、改善办馆条件以及提高全体馆员的福利待遇都具有重要意义。主要以资料传递、文献加工、情报咨询和信息传播为核心的文献信息服务，所创造的经济效益必须通过深化改革来实现。

需要注意的是，高校图书馆在为社会提供服务时，始终要重视社会效益的发挥。必须认识到，只有通过提供热情周到、高效的服务，才能赢得读者的满意和社会的支持。社会效益与经济效益是相互关联、相辅相成的。因此，图书馆应该始终以图书馆文化为核心，坚持以文献信息服务为导向，以赢得读者青睐为目标，创造良好的社会效益和经济效益，推动图书馆事业蓬勃健康地发展。

高校图书馆的社会效益体现在多个方面。首先，它为广大读者提供了便利的知识获取途径和学习环境，推动了人们的终身学习和个人成长。其次，高校图书馆作为学术资源的重要承载者和学术交流的平台，促进了学术界的繁荣和学术成果的传播。图书馆也为科研人员提供了重要的科研支持和文献检索服务，推动了科研水平的提高和科学技术的进步。高校图书馆还承担着社会教育和文化普及的责任，举办各类文化活动和讲座，为社会大众提供了丰富多样的文化体验和知识分享的平台。

高校图书馆的经济效益也不容忽视。通过提供"有偿服务"，图书馆可以通过提供图书馆资源的利用和开发、文献复制和数字化服务等方式获取经济收入，进而改善馆藏资源和设施设备，提高服务质量，提供更好的学术支持和阅读体验。经济效益的增加也有助于提高馆员的工作积极性和职业素质，促进图书馆事业的可持续发展。

在实现社会化特征和效益功能的过程中，高校图书馆必须始终保持服务导向，紧密关注读者需求，不断优化服务模式和手段。图书馆工作者应不断提升自身的专业能力和素质，紧跟时代发展的步伐，善于应用现代科技和管理方法，为读者提供更加个性化、便捷、高效的服务。同时，图书馆还应与社会各界建立紧密的合作关系，加强与行业机构、企事业单位的合作，开展共建共享的合作模式，共同推动图书馆事业的发展。

第二章 高校图书馆的隐性文化建设

第一节 高校图书馆物质文化建设

一、高校图书馆物质文化建设的内容

高校图书馆物质文化，是一个独特的概念，它并不单指高校图书馆的馆舍、馆藏、设备等物质元素，也并非这些元素的简单汇集。这一文化现象是独立于高校图书馆馆员和读者等相关人群的意识之外，却发生在高校图书馆及其相关领域的。它象征着高校图书馆长期发展过程中积累的物质财富和成果，同样也是高校图书馆馆员和其他相关人员传递"非遗传信息"给同代人或下一代人的物质载体。

进行深入探究，会发现高校图书馆物质文化的馆舍、馆藏和设备等，都充满了文化内涵和文化观念。它们像是一个个文化的宝库，储存了大量能供当前这一代人或未来一代参考和学习的"非遗传信息"。例如，具有民族风情、地域特色的高校图书馆建筑，它们并不仅仅是独立于意识之外的单纯建筑。在高校图书馆文化研究者的眼中，这些建筑是地方文化和高校图书馆建筑完美结合的产物，是民族文化与图书馆理念交融的载体。

因此，不能简单地将高校图书馆物质文化理解为单一的物质现象，而要从

更深层次的文化内涵和意义出发，去感知和理解它。高校图书馆物质文化具有图书馆馆舍、图书馆馆藏、图书馆设备等文化现象。

（一）图书馆馆舍

走进一所高校的校园，首先映入眼帘的可能是各种宏伟的教学楼、实验楼，但是，最能反映一个高校的文化气质和精神内涵的，往往是图书馆。图书馆，是学术的神殿，是知识的海洋，是学子们求知的圣地，其在高校中占据的地位无疑是显著的。与众不同的建筑风格，独特的内部布局以及典藏的众多书籍，都凸显了高校图书馆的个性与人文精神。图书馆的馆舍是图书馆物质环境的一部分，它涵盖图书馆建筑本体、周边环境以及内部布局（包括内部的园艺装饰等相关文化现象）。图书馆周围环境，这个词从建筑学的角度理解，涉及图书馆选址、场地设计等方面，构成了图书馆的地理、绿化和城市环境。在这个环境中，你会发现多种文化现象。

1.书卷气：图书馆馆舍的氛围感

图书馆的基本功能是藏书，它是文化的储藏室，是知识的仓库。高校图书馆的藏书库，就是这座学术神殿的核心所在。那里典藏着大量的图书，包括经典文献、科技论文、艺术图册、历史档案等，构成了一座座巍峨的知识大厦。在那里，你可以找到任何想要了解的信息，可以读到先哲的智慧，可以感受历史的脉搏，可以观照科学的灯塔。这些书籍，它们是静静的，但却充满了生命的活力，它们不断散发出沉甸甸的书卷气息。

2.象征气：图书馆的主体精神

图书馆，是知识的神殿，是学术的殿堂。这座神殿的灵魂，就是其主体精神——攀登和求索。在高校图书馆中，可以看到这种精神的体现。图书馆的建筑设计，往往采用向上的形态，象征着人们对知识的追求、对真理的探索以及对智慧的渴望。这种求知、求真、求智的精神，就是高校图书馆的象征气。无论你在图书馆的哪一个角落，你都能感受到这种象征气的存在，它犹如一股无形的力量，激励着人们去攀登知识的高峰，去探索科学的边界。

例如，南京大学杜厦图书馆，这座位于南京大学仙林校区的图书馆，总建筑面积近5万平方米，共5层，整体造型是一本打开的书。图书馆周围环绕着河流，寓意"书山有路勤为径，学海无涯苦作舟"。该图书馆的设计理念是"开放的图书馆"。除阅览区外，图书馆还设有庭院式的休闲区。学习累了的学生可在此处喝喝咖啡，聊聊天。此外，图书馆每层都有一定数量的"研讨小室"，用透明玻璃作为隔断。

3.场所感：图书馆的开放性

高校图书馆不仅是藏书的仓库，更是学生们学习和交流的场所。图书馆的开放性，体现在它为读者提供的各种便利上。图书馆内设有：安静的阅读区，供读者静心阅读；讨论区，供读者交流思想、探讨问题；电子阅读区，供读者查阅电子资源；休息区，供读者休息放松。这些功能区的设置，使图书馆成了一个全方位的学习和交流场所。这种场所感，使得图书馆不仅是一个储存书籍的地方，而且是一个充满活力的学术交流场所。无论你是在图书馆安静的角落里阅读，还是在图书馆热闹的讨论区里交流，都能感受到这种场所感的存在。

（二）图书馆馆藏

图书馆的馆藏，作为图书馆人在使命感和价值观的驱动下，运用信息管理和知识组织的智慧所构建的最宝贵、最重要的图书馆实物财富，是图书馆物质文化的核心部分。它为当代人以及未来的一代创造和整理了众多的文化现象，这些文化现象在馆藏中得以展现，反映出图书馆物质文化的独特性。因此，深入研究图书馆馆藏的文化现象，显然是图书馆物质文化探究的关键工作。

在图书馆馆藏中，可以看到各种丰富的文化现象。例如，历史悠久的"藏书楼"文化，近现代的"革命"馆藏文化、"特色馆藏"文化、信息文化与网络文化等。此外，还能观察到图书馆馆藏中蕴含的信息文化和网络文化现象。这些文化现象，都在图书馆馆藏中呈现出多彩的色彩。

1."藏书楼"文化

我国的"藏书楼"文化是一种源远流长的特色图书馆文化，尤其是在馆藏文化方面独具一格。这种文化体现的主旨就如其名所示，侧重于保存和传承文化典籍，所有的服务和活动都围绕这个核心进行。因此，它在图书采购上，基本按照藏书家的个人兴趣确定。

藏书楼可以由个人或者官方建立。官方设立的藏书楼通常具有浓厚的政治文化色彩。在封建社会时期，几乎所有的开国皇帝都把官方藏书楼视为重要的思想控制基地。因此，藏书楼所收藏的书籍往往以维护儒学思想的统治地位为目的。然而，"藏书楼"文化对后世的最大贡献，无疑是对书籍的研究。其中包括版本学、校雠学、目录学以及对书籍的采购、保管等方面的研究。这个独特的文化现象，通过其对书的采集、保管、研究，给后世留下了无价的知识财富。这些藏书楼所保管的书籍，不仅是文字的载体，更是历史、文化的见证，为解读过去、理解现在、展望未来提供了宝贵的资料。藏书楼的存在，不仅是对书籍的珍藏，也是对知识的尊重、对历史的继承、对未来的期待。

"藏书楼"文化至今仍有深远地影响。在当前的数字化时代，虽然越来越多的信息和知识被电子化，但是仍然需要对实体书籍进行保存和传承。尤其是那些古籍，它们是历史的记忆、是文化的血脉、是民族的灵魂。因此，图书馆可以借鉴"藏书楼"文化的精神，以保护和研究这些珍贵的古籍，为未来的人类提供更多的知识和智慧。

2. 近现代的"革命"馆藏文化

"革命"馆藏文化是近现代图书馆馆藏文化的重要组成部分，表现为公共藏书楼和图书馆在馆藏方面的革命性变化，或是馆藏内容以中国近现代革命历史为背景的特色。该文化现象是在 20 世纪初期的中国形成的，其主要目标是"启迪民智"，将图书从私人书斋或官方书库中"解放"出来，使其成为公众的精神财富。

比如皖省藏书楼和古越藏书楼等公共藏书楼，它们的办馆、藏书理念来源于清朝曹溶、藏书家周永年、国英等人提出的开放藏书楼的思想。在这个过程中，中国的馆藏文化经历了一次前所未有的变革，图书馆不再是少数精英的知识圣地，而成为普通民众的学习场所。

在鸦片战争之后，西方在中国创建了新式的藏书楼与图书馆，引进了西方的图书馆学思想，馆藏也发生了革命性的变化。西文书籍和科技书籍在这类藏书楼或图书馆中占据了很大的比例。例如徐家汇天主堂藏书楼、工部局公共图书馆以及圣约翰大学图书馆，西文藏书的比例分别占据了馆藏总量的很大一部分，这是近现代馆藏文化中的一项重大革新。另一层含义的"革命"馆藏文化，体现为从中华人民共和国成立到"文化大革命"结束这段时间，受"左"倾思潮的影响，图书馆的藏书发生了一种"革命"性的变化，革命书籍占据图书馆藏书的很大比例。例如，湖北省图书馆在"文化大革命"期间，一些服务科研工作者的、采集外文和古籍书刊的行为被标为"崇洋""复古"，大量的图书报刊被当作"封、资、修"的黑货被封存。这种对"革命"极端化的理解使图书馆馆藏出现了这种特殊的现象。

可以说，近现代的"革命"馆藏文化，既有着深厚的历史背景，又具有时代的特色。它反映了图书馆在不同历史时期的角色和功能的变化，也展示了图书馆的社会责任和价值观念的转变。这种文化现象是理解和认识中国近现代图书馆历史的重要视角，提供了宝贵的思考和研究资料，有助于更好地认识图书馆的历史演变和社会功能。

3. "特色馆藏"文化

"特色馆藏"文化是图书馆根据自身的特点以及其所在学校、地区或民族的特色，构建独特的文献集合，从而创造出与其他图书馆不同的特色。这种文化现象不仅增强了图书馆的吸引力，也使图书馆更好地服务于本学校、地区或民族的发展。

公共图书馆的特色馆藏往往与图书馆所在地区的发展特色有关。例如，北京市东城区图书馆的服装资料书目库，北京市西城区图书馆的旅游资料书目库，北京包装资料馆（崇文区）的书目库，北京市海淀区图书馆的装饰艺术资料书目库，以及北京市朝阳区图书馆的法律资料书目库，等等。这些特色馆藏为图书馆的读者提供了丰富多样的阅读资源，使他们能够更加深入地了解和研究相关的专业领域。与此同时，高校图书馆的特色馆藏则往往围绕特色学科建设进行。例如，北京大学数字图书馆的古文献资源库，清华大学的建筑数字图书馆，以及中山大学的岭大珍藏馆，等等。这些特色馆藏不仅丰富了学术研究的资源，也为学生和教师提供了宝贵的学习和研究材料。

建设特色馆藏并非易事，它需要图书馆工作人员具有深厚的专业知识以及良好的资源获取能力，精准把握所在学校、地区或民族的发展特点。还需要时间上的积淀，只有这样，图书馆才能够精选出高质量的文献资源，构建出真正具有特色的馆藏。特色馆藏的建设也需要有一套完善的管理制度。这包括对馆藏资源的评估、选择、采购、分类、整理、存储和保护等各个环节的规范化管理，以确保馆藏资源的质量和利用效果。

4. 信息文化与网络文化

在 21 世纪的信息社会和网络时代，图书馆馆藏文化正在经历深刻的变革，其中，最为显著的就是"信息文化"与"网络文化"的深度融合。这两种新的文化现象已经深深地影响了图书馆的馆藏建设、信息服务和用户体验。

"信息文化"是指以信息和信息技术为核心，以信息获取、处理、传播和应用为主要活动的文化形态。在图书馆的馆藏建设中，这一文化现象主要体现在大量采购电子书、期刊全文数据库、学术数据库资源等数字化资源上。数字化资源的引入，不仅大大增加和扩大了图书馆的馆藏量和信息覆盖面，而且使读者可以远程访问图书馆的馆藏资源，大大提高了信息服务的效率和便利性。

"网络文化"则是指以网络为媒介，以信息共享和交流为主要活动的文化形态。在图书馆的馆藏建设中，这一文化现象主要体现在建立网络导航、学科导航上，如南开大学图书馆数字资源中心的学科资源导航以及图书馆、档案馆、情报所等部门的馆藏资源一体化。这些措施使图书馆的馆藏资源得到了充分的利用和展示，读者可以更方便地获取和使用所需的信息。

可以说，信息文化和网络文化的融入，使图书馆的馆藏建设更加贴近信息社会和网络时代的需求，使图书馆能够更好地服务于社会和读者。然而，这也给图书馆带来了新的挑战，例如如何保障数字化资源的质量和安全，如何提高网络服务的质量和效率，如何满足读者多样化的信息需求，等等。这需要图书馆在馆藏建设中，不断吸收信息文化和网络文化的精华，探索新的馆藏建设模式和服务手段，以适应信息社会和网络时代的发展需求。

（三）图书馆设备

图书馆设备是图书馆物质文化的重要组成部分，它涵盖用于开展文献编目、文献借阅、文献查询、信息咨询和知识导航等主要业务的设备，以及用于辅助图书馆管理的设备，如计算机、网络通信设备、打印复印设备、书架、报刊架、桌椅板凳等。这些图书馆设备不仅承载着图书馆技术的发展，对于图书馆的进步至关重要，而且是传输图书馆文化的重要媒介。在图书馆设备中，可以观察到一些文化现象，包括人本文化、生态文化、智能文化、数字文化和网络文化等。

1.人本文化

图书馆设备的人本文化体现在对人的舒适、健康和便利利用的考量上。在图书馆设备的设计和维护过程中，以人为出发点，根据不同的读者群体和工作人员的需求，量身定制不同的设备。例如，在桌椅板凳的设计中，越来越注重人体工效学的要求，旨在使图书馆的读者和工作人员在长时间坐着时感到舒适且不疲劳。成人区的书架不宜过高，层数不宜过多，以方便读者取书；而儿童阅览室的书架则按照儿童的身高进行设计，以便于他们独立获取图书。为了保障读者和工作人员的身体健康，图书馆在通风方面尽量倡导自然通风，而不过度依赖人工通风设备，如空调等。一些图书馆设置了自助借书机和自助还书箱等人性化设施，此外，有些图书馆还引入了现金或银行卡支付系统，以方便读者在图书馆内进行相关费用的支付。

　　这种人本文化的设计理念和实践体现了图书馆设备的关注度和关怀度，将读者和工作人员的需求置于首位。通过合理的设备布局和功能设计，图书馆设备能够提供舒适、便捷的使用体验，为读者提供更好的阅读环境和服务品质。它不仅关注读者的身体健康，也重视满足读者的个性化需求和提高使用效率。图书馆设备以人为中心，不断推动着图书馆的服务和管理水平的提高。通过引入现代科技和人性化的设计，图书馆设备逐渐成为传递图书馆文化的重要媒介，为读者和工作人员营造了良好的工作和学习环境，进一步促进了图书馆事业的繁荣和发展。

　　2.生态文化

　　在面对日益严峻的环境挑战时，图书馆作为社会文化教育机构的一分子，也需要积极应对，以实现可持续发展。因此，"生态"文化逐渐成为图书馆设备的设计和选购中的一种重要考量因素。这种文化主要体现在图书馆设备的选材、使用和管理等多个环节中。

　　（1）图书馆在选购设备时，尽可能选择使用环保材料制成的设备。例如，书架、阅读桌椅、信息查询终端等可以选择采用可回收材料或者易降解材料，既能满足图书馆的使用需求，也能将对环境的影响最小化。图书馆设备的设计也需要考虑环保因素。例如，书架的设计应该有利于空气流通，以减少对空调的依赖；电脑终端和其他电子设备应该具有良好的能效，以减少能源消耗。

　　（2）图书馆在使用设备时，要尽可能实现能源的有效利用。例如，图书馆的照明系统可以采用节能灯具，并通过合理布局和控制策略，如感应控制、定时控制等，确保光照效果的同时，尽可能减少能源消耗。图书馆还可以采用自然通风、自然采光等生态设计手段，以减少对空调和照明的依赖。

　　（3）图书馆在管理设备时，需要考虑环保因素。图书馆应定期进行设备检查和维护，确保设备的良好运行，避免设备故障而导致能源浪费。对于已经报废的设备，图书馆需要按照环保的方式进行处理，如回收利用或者安全处置，以避免对环境造成二次污染。

3. 智能文化

随着科技的飞速发展，图书馆作为知识和信息的传播中心，也在逐步向智能化转变。所谓的"智能文化"，是指图书馆设备科技含量高，能够实现自动化、智能化操作，为读者提供更为便捷、舒适的阅读环境。这种文化在图书馆设备的选购、使用和管理等多个环节都有所体现。

首先，图书馆设备的智能化，可以提高图书馆的服务效率，提升读者的服务体验。例如，自动化的借还书机、自助查询机、电子阅读器等，可以大幅缩短读者借还、查询、阅读的时间，使读者能够更快速、更方便地获取和使用信息。此外，自动送书小车、自动化的书籍整理机等，可以有效地降低图书馆工作人员的劳动强度，提高工作效率。其次，智能化的图书馆设备，还可以提高图书馆的管理效率。通过楼宇自控系统，图书馆可以实现对电力、照明、空调、运输、消防、保安、广播等设备的集成管理，降低管理复杂性，提高管理效率。此外，通过一卡通系统，图书馆可以实现对读者的身份验证、借阅管理、费用支付等功能的一体化，简化管理流程。

智能化设备的引入也对图书馆工作人员的技能要求提出了更高的要求。图书馆工作人员只有需要具备相应的信息技术知识和技能，才能有效地使用和管理这些设备。此外，智能化设备的维护和升级，也需要投入较大的人力和物力。

4. 数字文化与网络文化

随着社会进步和科技发展，当前是一个数字化、网络化的时代。对于图书馆来说，这个时代带来了一系列的变革和挑战。在这个过程中，图书馆设备的"数字化文化"和"网络文化"是无法忽视的两个重要元素。

"数字化文化"在图书馆设备中的体现主要是通过图书馆采用的计算机软硬件以及相关设备。图书馆的管理工作和服务项目，如检索系统、电子资源库、自动化的借还书系统等，现在都是基于数字化设备运作的。这些设备的应用大大提高了图书馆工作的效率，同时为读者提供了更为便捷的服务。数字化设备在保护和传播知识方面也起到了重要的作用。例如，通过数字化技术，图书馆可以对其馆藏的珍贵和易损的文献进行数字化保存，既保护了这些文献，也使更多的人能够方便地获取到这些知识资源。

"网络文化"在图书馆设备中的体现主要是图书馆的数字化设备和智能化

设备都通过网络连接，形成了一个全方位、高效的信息服务系统。例如，通过互联网，读者可以在家中或者任何一个有网络连接的地方，访问图书馆的电子资源库，进行在线检索、阅读和学习。而通过局域网，图书馆内部的各个部门可以进行高效的信息共享和协作。这种基于网络的服务模式，无疑为读者提供了更为便利的阅读和学习环境。

虽然数字化和网络化带来了很多好处，但也有一些挑战和问题需要面对。例如，如何保证网络安全，保护用户隐私，如何解决数字鸿沟问题，等等。这需要图书馆在追求数字化和网络化的同时，也要注重这些问题的解决。

二、高校图书馆物质文化建设的路径

（一）建设高校图书馆馆舍

高校图书馆馆舍的建设是物质文化建设的重要组成部分。馆舍的设计和建设应以满足教学、研究和学生个人发展的需求为目标。设计时，应考虑图书馆的独特功能和特点以及对环境、技术、社会需求的适应性。

1.馆舍设计应体现图书馆的多功能性

高校图书馆不仅仅是传统的书籍收藏和借阅场所，也是学术交流、知识讨论和创新实践的重要场所。因此，在馆舍的设计中，应充分考虑不同学科和学习方式的需求，规划和配备不同类型的空间和设施。例如，可以设置独立的讨论区和小组学习室，为学生提供合作学习和团队讨论的场所。同时，可以设立创新实验室和多媒体室，配备先进的科研设备和多媒体技术，为学生和教师的科研和创新提供支持。

2.馆舍的设计和建设应考虑环保和可持续性

在建筑材料的选择上，应优先选择环保、可再生的资源，如节能玻璃、绿色建筑材料等。同时，还可以结合可再生能源利用系统，如太阳能电池板和地源热泵等，减少对传统能源的依赖。此外，馆舍设计还应注重自然光线和通风的利用，最大限度地减少能源的消耗。例如，可以设计大面积的窗户和天窗，引入充足的自然光线，同时结合通风系统，实现良好的室内空气流通。

3.馆舍的设计和建设应与数字化和信息化技术紧密结合

随着数字化和信息化的发展，高校图书馆已经转向提供数字资源和网络服务。因此，在馆舍的设计中，应考虑数字化设备和设施的布局和安装。例如，可以设置电子资源访问区和数字展示区，为读者提供便捷的电子资源获取和浏览环境。同时，利用云计算、物联网等技术，建设智能化的借阅、导航和管理系统，提高图书馆的服务效率和读者的使用体验。例如，美国麻省理工学院的巴克尔图书馆（Barker Library）就采用了智能化的自助借还书系统和导航系统，读者可以通过自助设备方便地借还图书，并通过导航系统快速找到所需资源，提高了图书馆的自助服务水平和读者满意度。

（二）丰富高校图书馆馆藏

高校图书馆馆藏的丰富度是衡量图书馆物质文化建设的重要指标之一。馆藏丰富不仅仅是指图书的数量，更重要的是图书的种类和质量。丰富的馆藏能够为读者提供广泛的学术资源和知识支持，促进教学、研究和学术创新的发展。

1.高校图书馆应根据学校的教学和研究特点，精心选择馆藏

图书馆馆藏的建设应紧密围绕学校的学科专业设置和教学研究需求。例如，对于理工类院校，应注重收藏相关的科学、工程、技术领域的著作、期刊和参考书籍；对于社科类院校，应注重收藏相关的人文、社会科学、法律、经济等领域的著作和文献资料。此外，还应关注学校的特色学科和前沿研究领域，积极引进相关领域的专业书籍和学术期刊，以满足师生的学习和研究需求。

2.高校图书馆应积极引入各类电子资源，满足数字化时代读者的需求

随着信息技术的快速发展，电子资源的应用越来越广泛。高校图书馆应订购和订阅各类电子图书、电子期刊和数据库，将其纳入馆藏范围，与纸质图书一同提供给读者。这些电子资源不仅可以大幅提升图书馆的信息存储和检索能力，还方便读者随时随地获取信息。例如，美国麻省理工学院的哈佛图书馆就拥有大量的电子资源，如电子书籍、电子期刊和在线数据库，为师生提供了丰富的学术资源和知识支持。

3.高校图书馆应定期更新馆藏，保持馆藏的时代性和前沿性

知识更新的速度非常快，新的学术成果和研究成果不断涌现。为了满足读者的需求，图书馆应定期评估和剔除过时和少用的书籍，以腾出空间引进新的学科、领域的书籍。图书馆可以与学校的教师和研究人员密切合作，了解他们的需求和最新的学术动态，从而及时更新馆藏，为读者提供最新、最权威的学术资源。

（三）及时更新、升级高校图书馆的设备

图书馆的设备是实现图书馆服务的重要工具，及时更新和升级设备是高校图书馆物质文化建设的重要环节。合理的设备配置和维护，保障了图书馆的正常运行，为师生提供了高质量的学习和研究环境，促进了师生的学术发展和知识获取。

1. 更新、升级图书馆的基础设施

图书馆的基础设施设备是图书馆物质文化建设的基石，图书馆的书架、阅览桌、座椅等基础设施应该定期进行检查和维修，确保其功能正常，应符合人体工程学原理，为读者提供舒适的学习和研究环境。例如，可以通过定期检查和更换老化的座椅，优化阅览桌的高度和角度，提供符合人体工程学的舒适的设施。同时，应根据读者的需求和反馈，不断改进设备设计和布局，提高空间利用率和使用效率。

首先，更新和升级高校图书馆的基础设施需要进行充分的规划与评估。图书馆管理者和相关专业人员应该进行全面的调研和分析，了解当前设施的状况、读者需求和发展趋势。通过读者调研、需求分析和空间利用评估，确定更新和升级的重点和方向。例如，可以根据读者的反馈和使用情况，重点更新和改进座椅、阅览桌等设施，提高读者的舒适度和使用频率。

其次，技术选择与应用是更新和升级基础设施的关键。在选择技术和设备时，需要考虑其与图书馆服务的紧密结合和适应性。应该关注最新的科技发展趋势，选择能够满足图书馆需求的先进技术，如智能化设备、自助借阅系统、数据管理与分析系统等。例如，可以引入自动化的图书分类和定位系统，提高图书的存取效率和检索精确度。同时，还应注重设备的可操作性和可维护性，确保设备的稳定运行和长期使用。

最后，经费筹措与管理是更新和升级基础设施的重要保障。高校图书馆可以通过多种方式筹措经费，如申请校内经费支持、争取政府资助、开展合作项目等。此外，还可以与校友和社会捐赠者建立合作关系，争取捐赠资金和设备。对于设施的管理和维护，应建立科学有效的管理机制，制订维护计划和预算，定期进行设施巡检和保养，及时修复和更换老化设备。

除了以上方面，还应注重与读者和相关部门（如信息技术部门、建筑设计部门等）的沟通与合作。高校图书馆管理者应积极倾听读者的意见和建议，关注读者体验和需求，根据实际情况进行调整和改进。同时，与相关部门保持紧密合作。

2.更新、升级高校图书馆的信息设备

高校图书馆的信息设备是支持学术研究和知识传播的重要工具。计算机、打印机、扫描仪等信息设备在现代图书馆的运作中起着关键作用。定期更新和升级这些设备，保证其性能先进和稳定，满足读者的信息处理和获取需求。

更新、升级高校图书馆的信息设备是提高图书馆服务质量和效率的关键措施，需要做到以下四点。

（1）确保信息设备的先进性。随着科技的不断发展，图书馆的信息设备也需要紧跟时代潮流。及时了解最新的信息技术趋势和应用，选择具备先进功能和高性能的设备。例如，引入更快速、更高效的计算机和服务器，满足读者对信息处理和存储的需求。同时，注重设备的兼容性和可扩展性，以便未来的升级和扩展。

（2）关注读者体验和便捷性。读者对于使用图书馆的信息设备有着特定的期望，如简洁的操作界面、快速的响应速度、易于导航的系统等。因此，在更新和升级设备时，应注重读者友好性和易用性。选择具备直观界面和简单操作的软件和应用，提供个性化设置选项，以满足不同读者的需求。另外，考虑到读者的移动性和便捷性，可以扩大无线网络覆盖范围，支持移动设备的接入，提供便于移动办公和学习的功能。

（3）注重设备的安全性和保障措施。高校图书馆 信息设备记载着大量敏感数据和读者信息，因此其安全性至关重要。更新和升级设备时，应考虑安全防护措施，包括防火墙、病毒防护、数据加密等。定期更新操作系统和软件的补丁，修复已知的漏洞和安全隐患。此外，还需建立完善的数据备份和恢复机制，确保数据的安全性和可靠性。

（4）提供必要的培训和技术支持。更新、升级信息设备不仅仅是硬件和软件的更新，也需要确保馆员具备充分的技术知识和操作能力。为馆员提供系统使用培训和操作指南，使其能够熟练掌握设备的功能和操作流程。另外，建立技术支持团队或与合作伙伴达成合作，及时解决设备使用中遇到的问题和故障，保障图书馆信息设备的正常运行。

3. 更新、升级高校图书馆的服务设备

高校图书馆的服务设备是提高服务效率和用户体验的关键。自助借阅机、自动还书机、自助查询机等服务设备的引入和推广，能够缩短借还书等常规操作的时间，减轻馆员的负担，提高服务效率。例如，大学图书馆引入了自助借还书机和自助查询机，为读者提供 24 小时不间断的自助服务，实现了图书馆的智能化和自助化。这些设备的使用不仅方便了读者，也使得馆员有更多的时间和精力去提供更高层次的服务和专业指导。

更新、升级高校图书馆的服务设备是提高服务质量和用户体验的重要举措，需要从以下四个方面切入。

（1）了解读者需求和反馈。在更新、升级图书馆的服务设备之前，了解读者的需求和反馈是至关重要的。通过读者调查、反馈收集和分析，了解读者对现有服务设备的满意度、需求和期望。这可以通过在线调查、面对面访谈、用户反馈表等方式进行。通过深入了解读者需求，明确需要更新、升级的服务设备类型和功能。

（2）选择适合的服务设备类型和功能。根据读者需求和图书馆特点，选择适合的服务设备类型和功能进行更新、升级。常见的服务设备包括自助借书机、自动还书机、自助查询机、打印复印机等。选择服务设备时，应考虑设备的易用性、功能完善性、耐用性和可维护性等因素。同时，应关注设备的多样性，满足不同读者群体的需求。例如，对于视觉障碍人士，可以提供配有语音导航和触摸屏的设备，以提供无障碍的服务。

（3）整合数字化和智能化技术。随着科技的不断发展，数字化和智能化技术已经成为更新、升级服务设备的重要趋势。利用数字化技术，可以将服务设备与图书馆管理系统和读者数据库相连接，实现更便捷的借还书流程、查询图书信息和统计分析等功能。智能化技术的应用可以提高服务设备的智能交互和自动化程度，如人脸识别技术、语音助手等。例如，通过人脸识别技术，读者可以快速识别并借阅图书，节省时间和人力成本。

（4）提供培训和技术支持。更新、升级服务设备不仅仅是设备的更新，还需要保证馆员具备充分的技术知识和操作能力，以提供良好的服务。为馆员提供设备使用培训和操作指南，使其能够熟练掌握设备的功能和操作流程。同时，建立技术支持团队或与合作伙伴达成合作，及时解决设备使用中遇到的问题和故障，确保设备的稳定运行和维护。

第二节　高校图书馆精神文化建设

一、高校图书馆精神文化建设的内容

高校图书馆的精神文化是一个在学术环境中演变而来的独特文化现象。它是图书馆长期发展积累的精神财富和成果，并在社会文化背景和意识形态的长期影响下形成的哲学思想及其在意识层面的体现。它体现在高校图书馆服务活动、高校图书馆职业精神、高校图书馆职业使命和高校图书馆职业价值观等方面。

（一）高校图书馆服务活动

高校图书馆的服务活动，是在物质条件，如馆舍、馆藏、设备等和制度条件下开展的，但它所体现的文化现象却超越了物质文化和制度文化，体现了图书馆的深远影响力。在本质上，高校图书馆对人类的最大贡献是它的文献信息服务和图书馆哲学思想。

高校图书馆的服务活动包括文献信息的过滤、有序化、传播和施效。文献信息的过滤是通过图书馆馆员的采访活动实现的，他们根据教学和研究需求，精心挑选符合需求的文献资源。文献信息的有序化则依赖于图书馆馆员的专业技能，如分类和编目，使众多的文献资源能有条不紊地被储存和检索。至于文献信息的传播和施效，则主要通过图书馆的借阅、阅览、咨询以及研究课题等方式实现，这也是图书馆服务的最终目的。

在这个过程中，信息文化、网络文化、商业文化和"人本"文化等现象得到了体现。信息文化体现在图书馆服务活动中传递的人类精神观念文化和信息技术及其产品上。网络文化则表现在许多文献资源的获取、检索、传播都与网络紧密相连上，如书目数据的远程传输和下载、读者对图书馆书目数据库的检索、图书馆特色文献的网络宣传、网络咨询等。

"人本"文化是高校图书馆服务活动中体现最多的文化现象。以人为本，特别是以读者为中心，是图书馆在提供文献信息服务过程中坚持的原则。图书馆努力为读者提供最全面、周到、热情的服务，使读者能在最短的时间内找到最准确的文献信息资源。这也包括为弱势群体提供服务，使他们能公平享用图书馆的资源。

（二）高校图书馆职业精神

图书馆职业精神是图书馆馆员在对图书馆整体利益认识的基础上，逐步形成的对图书馆职业所承担的社会义务的文化自觉。它是由图书馆领导者积极倡导、全体员工自觉实践而形成的代表员工信念、激发图书馆活力、推动图书馆发展的规范化和信念化的先进群体意识。图书馆职业精神是图书馆职业长期积累而成的共同的职业观、价值观等的体现。具体而言，图书馆职业精神的内涵可以分为两类：人文精神和科学精神。

1. 人文精神是图书馆职业精神的重要组成部分

人文精神包括奉献精神和民族精神等。奉献精神是图书馆馆员对图书馆事业的热爱和忠诚的体现，他们以服务读者、推动知识传播和文化传承为己任。无论是提供专业咨询，帮助读者解决问题，还是精心维护图书馆资源，提供舒适的学习环境，图书馆馆员都始终将读者的需求和利益放在首位。民族精神体现为图书馆馆员对本土文化的传承和弘扬，以及对文化多样性的尊重和促进。他们致力于收集、保护和传播民族文化资源，推动文化多元发展，使图书馆成为民族文化的重要承载者和传播者。

2. 科学精神也是图书馆职业精神的重要组成部分

科学精神包括进取精神和创新精神等方面。进取精神体现为图书馆馆员对知识更新和自我提升的追求。他们积极参与学术交流，持续学习新知识和新技术，不断提高自身的专业素养和能力水平。同时，他们还鼓励读者和同事积极探索、学习和创新，推动图书馆的发展与进步。创新精神体现为图书馆馆员不断寻求改进和创新的意识和行动。他们积极探索新的服务模式和技术应用，提供更便捷、多样化的服务，满足读者不断变化的需求。同时，他们也倡导团队合作和协作创新，通过多元合作与共享，实现图书馆的持续发展。

人文精神和科学精神相辅相成，共同构成了图书馆职业精神的内涵。人文精神强调图书馆馆员对读者和文化的关怀和尊重，以及对本土文化的传承和弘扬。科学精神强调图书馆馆员对知识的追求和创新，以及对持续学习和进步的执着追求。这些精神价值的积极践行融入图书馆工作，将促使图书馆成为知识的殿堂、文化的传承者，为读者提供优质的服务，并不断推动图书馆事业的繁荣和发展。

（三）高校图书馆职业使命

高校图书馆作为图书馆重要组成部分，担负着多重职业使命，包括科学使命、人文使命和民主使命。

1.科学使命

高校图书馆的科学使命在于发挥其在科学发展轨迹中的作用。

首先，高校图书馆承担着保存文献和科学知识的使命。作为现代图书馆的一分子，高校图书馆致力于收集、保存和提供各类学术文献资源，包括书籍、期刊、学位论文、科技报告等。通过建立丰富的馆藏，高校图书馆为学术界和研究机构提供必要的支持和服务，推动科学的发展和创新。

其次，高校图书馆在支持现代科学技术研究方面发挥着重要的作用。它们积极收集和提供与科学研究相关的文献资源，为科研人员提供信息检索、文献传递和知识导航等服务。高校图书馆通过建立和维护科技文献数据库、数字化资源和学术知识平台，为科研人员提供科学信息资源，促进科研成果的交流和共享。

最后，高校图书馆还承担着支持终身教育的科学使命。它们为教师、学生和其他学习者提供丰富的学术资源和学习支持，促进个人的终身学习和知识更新。通过提供教育教学相关的图书、电子资源、教学资料等，高校图书馆为学习者提供多样化的学习机会和知识服务，助力个体的全面发展。

2.人文使命

高校图书馆的人文使命在于保障人们在共同的知识海洋中自由探索。

首先，高校图书馆有责任确保所有读者，尤其是弱势群体，能够自由访问馆藏文献。它们通过提供开放的阅览环境、免费的借阅服务和无障碍的信息获取途径，为读者提供平等的阅读机会和知识获取渠道。其次，高校图书馆积极推动公平信息社会和知识社会的建立和维护。他们致力于打破信息壁垒，促进信息资源的平等分配和共享，推广开放获取和开放科学运动。高校图书馆通过数字化图书馆建设、开放获取出版和知识产权管理等措施，努力实现信息资源的广泛共享和可持续利用。

高校图书馆也致力于推动文化多样性和人文主义的价值观。他们通过举办文化活动、展览和讲座等，促进多元文化的交流和理解。高校图书馆鼓励读者参与文化创作和艺术表达，提供文化遗产保护和传承的支持。他们以文化多样性为基础，营造和维护一个开放、包容和共融的学术环境。

3.民主使命

高校图书馆的民主使命在于其作为协助人类民主进程的重要推进器。高校图书馆积极倡导和践行民主原则，为读者提供平等和自由获取信息的平台。他们支持开架阅览方式，鼓励读者自主选择和获取所需的文献资源。高校图书馆坚决不进行任何形式的文献审查，保障读者的知情权和表达自由。

高校图书馆也承担着培养信息素养和媒体素养的责任。他们通过开展信息素养教育和培训活动，帮助读者提升信息获取、评估和利用的能力。高校图书馆致力于提供可靠、准确和多样化的信息资源，培养读者的批判思维和信息判断能力，使他们成为独立思考和自主学习的公民。

（四）高校图书馆职业价值观

高校图书馆的职业价值观是图书馆馆员等从业人员对外部世界进行评价的标准、准则和原则，是经过长期发展和积累所形成的被该职业广泛认可的价值观体系。在现代图书馆职业中，高校图书馆以其特定的使命和职责，倡导并践行一系列的职业价值观。

1.高校图书馆注重服务和人文关怀的价值观

高校图书馆将读者服务置于首要位置，以满足读者的知识需求和提供优质的学术资源为目标。高校图书馆馆员关注读者的需求和期望，积极提供帮助和支持，并致力于营造一个温馨、友好的学术环境。他们关注读者的个体差异，尊重读者的多样性和独特性，关心读者的成长和发展。

2.高校图书馆重视理性、知识和真理的价值观

高校图书馆尊重学术研究和知识创新的追求，鼓励读者和研究人员进行自主的学术探索和批判性思考。高校图书馆馆员认为知识的获取和分享是推动社会进步和个体成长的关键。他们致力于收集、整理和传播全面、准确、可靠的学术信息资源，确保读者可以获得权威和有价值的知识。

3.高校图书馆倡导阅读和热爱图书的价值观

高校图书馆认识到阅读对个人和社会的重要性，鼓励读者培养阅读兴趣和习惯。高校图书馆鼓励读者广泛阅读，探索不同领域的知识，提升个人素养和终身学习能力。高校图书馆通过丰富的馆藏和创新的服务方式，激发读者对图书的热爱，并促进阅读文化的传承和发展。

4.高校图书馆主张平等和自由的人文主义价值观

任何人都应该平等、自由地使用图书馆的服务和资源，无论其社会地位、背景或特殊需求。高校图书馆馆员关注社会弱势群体的信息和知识需求，努力为他们提供包容、友善的服务环境。高校图书馆馆员重视社会的多元性和包容性，倡导尊重他人的权利和尊严，致力于推动平等和公正的知识传播。

二、高校图书馆精神文化建设的路径

（一）开展馆史馆情的宣传

为了更好地推动高校图书馆的精神文化建设，首先要大力开展馆史馆情的宣传活动。通过挖掘图书馆的历史沿革、知名馆藏、重要事件等信息，让更多的读者了解图书馆的过去和现在，从而增强读者对图书馆的认同感和归属感。

宣传活动可以通过各种方式进行，如图文展示、讲座、短片制作、线上发布等，展现图书馆的发展历程和独特魅力。也可以邀请老馆员、老读者分享他们的图书馆故事，使图书馆的历史与人的情感相结合，增强馆史馆情的传播力量。同时，展示图书馆过去的典型事件和突出贡献，塑造图书馆的公众形象，弘扬图书馆的核心价值观。图书馆作为知识的宝库，是学校文化传承的重要载体，开展馆史馆情的宣传，既是对历史的尊重，也是对未来的期待。

（二）举办读书文化节活动

为了营造良好的阅读氛围，高校图书馆可以定期举办读书文化节活动。读书文化节可以通过举办讲座、读书会、图书展示、朗读比赛等丰富多彩的活动，提高学生的阅读兴趣，弘扬阅读的价值。

读书文化节不仅可以提升读者对图书馆的热爱，还可以通过活动的设计和组织，展示图书馆的服务理念和工作成果。可以为读书文化节设置不同的主题，如学术阅读、文学阅读、生活阅读等，既可以满足不同类型读者的需求，也可以展示图书馆丰富多样的馆藏资源。在读书文化节活动中，图书馆还可以邀请知名作家、学者、行业专家进行演讲或交流，拓宽读者的阅读视野，提高读者的阅读质量。

（三）加强馆员业务素质培养

高校图书馆的精神文化建设，离不开馆员的积极参与和专业支持。因此，高校图书馆需要加强馆员的业务素质培养，提高馆员的专业能力和服务质量。

馆员业务素质培养可以从多个方面进行，包括基础知识培训、新技术学习、服务技巧提升、专业理论研究等。

1.基础知识培训

在图书馆工作中，基础知识是非常重要的一环。对图书馆工作的理解和掌握，包括图书馆学知识、信息管理知识、读者服务知识等，是每个馆员必须具备的。例如，对于图书馆学知识的理解，涉及图书馆的定位、图书馆的分类以及图书馆的运行机制等；信息管理知识则涉及如何有效地收集、整理和提供信息资源，使之成为读者需要的信息；读者服务知识是关于如何有效地为读者提供服务，包括借阅服务、咨询服务以及信息指导服务等。这些基础知识的培训，可以通过举办专题讲座、线上课程或者实践活动来实施，使馆员在实践中提升自己的业务能力。

2.新技术学习

在当今的信息化社会，新技术在图书馆工作中扮演着越来越重要的角色，如信息检索技术、数字资源管理技术、新媒体技术等。这些新技术的学习和掌握，对于馆员提高工作效率和服务质量都是非常重要的。例如，信息检索技术可以帮助馆员快速找到读者需要的信息，提高工作效率；数字资源管理技术则可以帮助馆员有效管理电子资源，节省人力和时间成本；新媒体技术可以让馆员在服务中加入新的元素，提高服务的吸引力。这些新技术的学习，可以通过研究学习、参加技术培训以及参与实践活动等方式来完成。

3.服务技巧提升

服务技巧是影响图书馆服务质量的重要因素，其中包括沟通技巧、解决问题的能力、应对突发情况的能力等。例如，良好的沟通技巧可以帮助馆员更好地理解和满足读者的需求，提高读者服务满意度；解决问题的能力则可以让馆员在遇到问题时，能够快速、准确地找出解决办法，保证服务的连续性；而应对突发情况的能力则可以让馆员在面对突发情况时，能够迅速、冷静地做出反应，避免或减少问题的影响。服务技巧的提升，可以通过专题培训、模拟实战等方式来实施。

4.专业理论研究

专业理论研究是提高馆员业务素质的另一种方式，包括图书馆学理论、信息科学理论、管理理论等。深入研究这些理论，可以帮助馆员更好地理解图书馆工作的本质，提升工作的专业性。例如，对图书馆学理论的研究，可以帮助馆员理解图书馆的历史和现状，理解图书馆的职能和任务；对信息科学理论的研究，可以帮助馆员理解信息的本质和信息的传播机制，提高信息服务的质量；而对管理理论的研究，可以帮助馆员理解管理的原理和方法，提高工作效率和效果。这些专业理论的研究，可以通过参加学术研讨、撰写学术论文以及进行实践研究等方式来进行。

通过持续的业务素质培养，馆员可以不断提升自己的专业能力，提高图书馆的服务质量，推动图书馆的精神文化建设。

（四）做好读者培训工作

高校图书馆要建设好精神文化，还需要做好读者培训工作。通过读者培训，图书馆可以教授读者如何有效使用图书馆的各种资源和服务，提高读者的信息素养和阅读能力。

读者培训可以通过各种方式进行，如线上教程、现场培训、一对一指导等。培训内容可以包括图书馆的使用指南、信息检索技巧、数字资源的利用方法等。同时，可以根据读者的需求和特点，设计不同的培训课程，如对初级读者进行基础培训，对高级读者进行深度培训。

通过读者培训，不仅可以提高读者的图书馆使用能力，还可以加深读者对图书馆的了解和认同，增强图书馆的吸引力和影响力。

（五）坚持开展读者共建活动

高校图书馆的精神文化建设，需要广大读者的参与和贡献。因此，高校图书馆要坚持开展读者共建活动，引导和激发读者为图书馆的发展作出贡献。

读者共建活动可以通过征文活动、志愿服务、读书俱乐部、图书推荐等方式进行。这些活动不仅可以增强读者的参与感和归属感，还可以丰富图书馆的文化内涵和服务形式。通过读者共建活动，图书馆可以有效吸引和凝聚读者，营造良好的互动和共享氛围，推动图书馆的精神文化建设。

（六）常态化开展校友著作展

高校图书馆可以通过常态化开展校友著作展，展示校友的学术成果和创新思想，激发在校学生的学习热情和创新意识。

校友著作展可以选择具有影响力和代表性的校友著作，通过展览、讲座、研讨等形式，展示校友的学术思想和创新成果。这不仅可以增强和促进在校学生对学校文化的认同和传承，还可以激发他们的学术追求和创新意识。同时，校友著作展也可以搭建一个校友和在校学生的交流平台，促进校友和在校学生的互动和交流，增强高校图书馆的社区功能和文化影响力。

（七）促进图书馆的和谐建设

高校图书馆的精神文化建设，最终的目标是促进图书馆的和谐建设。图书馆应该是一个开放、包容、友好、和谐的学习和交流空间，既要满足读者的信息需求，也要满足读者的社交需求和文化需求。

促进图书馆的和谐建设，需要图书馆以读者为中心，以服务为导向，以质量为保证，提供优质的图书馆服务和良好的图书馆环境。同时，也需要图书馆倡导和谐的图书馆文化，如尊重知识、倡导阅读、提倡交流、弘扬友善等。

第三节　高校图书馆制度文化建设

一、高校图书馆制度文化建设的内容

图书馆制度文化象征着图书馆在制度层面的文化现象，它是图书馆工作人员将与图书馆相关的非物质遗产通过特定的方式传递给同代和后代的制度性工具。这是图书馆行业经过长期发展积累的宝贵财富和成就，提供了解决各类图书馆问题，如业务技术问题、设备使用、藏书的保管与使用、员工间的关系、

图书馆与读者之间的关系，以及读者之间的关系等的准则。图书馆制度文化可以细分为两部分：一个图书馆内部的制度文化现象和整个图书馆行业的制度文化现象。前者涉及图书馆的管理体制和制度、组织结构；后者则主要涉及职业资格制度和职业道德规范等核心元素。

（一）高校图书馆的管理体制与管理制度

1.高校图书馆管理体制体现的文化

（1）图书馆管理体制的含义

图书馆管理体制是一个涉及权利与义务、组织结构和运作机制等多方面的系统，主要是用来规定各类图书馆如何被控制、监督、指导和操作。更为具体地说，图书馆管理体制关心的是谁有权制定图书馆的方针、政策、标准，谁负责为图书馆提供财政支持，谁制订其发展规划，谁对其进行监督约束，谁在业务上为其提供指导以及谁负责组织实施图书馆服务等问题。这是对单个图书馆与其上级机构之间权利和义务关系的规定。

（2）高校图书馆管理体制体现的文化现象

在高校图书馆中，管理体制通常以特定的文化模式展现。这种文化模式的构建并非一蹴而就的，而是在长期的实践中逐渐形成和完善的。通常情况下，这个体制由学校的一名副校长或相应职务的人员负责，由一组由专家和教师组成图书馆委员会对图书馆进行管理。这种管理方式可以确保图书馆的服务与学校的教育目标紧密相连，也能确保图书馆有足够的资源来满足学生和教师的需求。

在高校图书馆的管理体制中，体现的文化主要有两个方面。首先是对知识和学术自由的尊重。这是所有图书馆，特别是高校图书馆最基本的文化价值观。图书馆提供的各种资源，都是为了鼓励和支持学术研究和自由探求知识。其次是服务导向的价值观。高校图书馆不仅是一个提供学术资源的场所，也是一个服务性的机构。图书馆馆员的职责不仅是管理和保护图书馆的藏书，更重要的是为读者提供服务，帮助他们找到需要的资源，满足他们的学术需求。

以上这些文化价值观在高校图书馆的管理体制中得到了深入的体现。例如，为了尊重和保护学术自由，图书馆会定期审查其藏书，以确保藏书能够覆盖各个学科领域，满足读者多样化的学术需求。为了实现服务导向的价值观，图书馆会定期对其服务进行评估，收集读者的反馈，以便持续改进服务。这种体制化的管理方式，不仅体现了高校图书馆对知识和服务的尊重，也反映了高校图书馆的社会责任和公众使命。它不仅使图书馆能够更好地服务于读者，也使图书馆能够在满足读者需求的同时，实现其自身的发展和进步。

2.高校图书馆管理制度体现的文化

（1）图书馆管理制度的含义

图书馆管理制度是图书馆内部对各个行为主体，如管理者、馆员、辅助人员、读者等所规定的权利与义务关系，它在很大程度上决定了图书馆的运营方式和服务质量。具体而言，这个制度可以分为业务管理制度和行政管理制度两大类。

业务管理制度主要包括图书馆文献资源的建设、加工和开发利用制度，以及计算机系统管理、数据库建设、数字图书馆建设规划、信息服务、计算机网络服务、视听服务、社区服务等多项制度。这些制度确保图书馆的业务能够按照规定的方式进行，并能够满足读者的各种需求。

行政管理制度则涵盖图书馆人事管理、专业技术职务评审和聘用、经费管理与使用、经营管理、建筑与物资设备管理与使用、安全保卫、统计、环境管理等多个方面。这些制度为图书馆的行政运作提供了明确的规定和指导，使图书馆的管理更加规范和有效。

（2）高校图书馆管理制度体现的文化现象

在高校图书馆的管理制度中，文化现象的体现形式多种多样，包括"书本位"文化、"人本位"文化、"公约"型文化和"强制"型文化等。在"书本位"文化中，高校图书馆的管理制度主要是围绕馆藏的文献信息资源来设定的，所有制度都是为了保护馆藏文献的完整和安全。而在"人本位"文化中，高校图书馆的管理制度则更加关注人，包括图书馆工作人员、读者、图书馆管理者等，他们的健康、自由、幸福、尊严是制定管理制度的重要依据。

"公约"型文化和"强制"型文化也在高校图书馆的管理制度中得到体现。在"公约"型文化中，高校图书馆管理制度以"公约""倡仪"的形式出现，侧重于对高校图书馆管理对象进行感召、感化，如高校图书馆的读者文明公约等。而在"强制"型文化中，高校图书馆管理制度则呈现出比较严格、严肃、强迫性的特点，如某些强制性的规章制度等。

目前，高校图书馆的管理制度体现的文化现象正处在从"书本位"文化向"人本位"文化以及从"强制"型文化向"公约"型文化转变的过程中。这种转变反映了高校图书馆的发展趋势，即更加重视读者的需求和体验，更加关注图书馆与读者之间的关系，更加强调图书馆的社会责任和公众使命。

（二）高校图书馆的组织结构

1.高校图书馆组织结构的定义

建立图书馆组织结构，是为了实现图书馆的各项目标。它构成了图书馆的核心框架体系，涵盖部门的设立、部门间的关系、各工作岗位以及权力分配等方面。因各图书馆的类型和规模不同，组织结构呈现出个性化的特征，因此，高校图书馆与公共图书馆的组织结构存在显著差异。

图书馆组织结构中的文化现象，其实不仅仅包括各种明确的规定，如政策、准则、章程、公约、条例等，也包括为保证制度实施的、人与人之间的隐性约定，其中，组织结构尤为关键。

基于图书馆的种类和其组织结构模式，可以将图书馆组织结构中体现的文化现象划分为几个类别：直线职能制文化、扁平化管理文化以及具有各自独特性的高校图书馆文化模式、公共图书馆文化模式，还有将图书、情报和档案整合的一体化模式等。

2.高校图书馆组织结构的文化

图书馆作为社会的重要文化和信息中心，其组织结构与运行模式中所体现的文化现象是不容忽视的。特别是在高等教育领域，高校图书馆以其深入的研究和专业性服务，形成了一种独特的文化模式。

高校图书馆文化模式首先表现为其对科学研究的高度重视。为了适应高等学府的学术特性，高校图书馆在组织结构上设立了与科研直接相关的部门，如科技查询站、学科馆、研究室等，提供专业、系统、深入的信息服务，满足科研人员对信息获取的高层次需求。这一模式的特点是以人为本，强调服务导向，尽可能地满足读者的需求。其次，高校图书馆文化模式在适应信息技术发展的过程中也展现出强大的创新能力。许多国外高校图书馆会选择将图书馆与计算机中心或其他科研机构合并，形成新的组织结构，以便更好地服务科研工作。这一模式强调图书馆的技术引领作用，以适应数字化、网络化的信息环境。

高校图书馆文化模式与公共图书馆文化模式之间并无绝对的界限。实际上，两者之间在许多方面都呈现出相互借鉴与融合的趋势。例如，公共图书馆也开始设立研究室、培训学科馆员等，而高校图书馆也在努力提升社区服务功能，以更好地满足公众的文化需求。

除此以外，还有一种值得注意的组织结构模式，即图书情报档案一体化模式。这种模式是将档案馆、情报所等作为图书馆的职能部门，如上海图书馆、中国科学院文献情报中心、天津泰达图书馆等。这种模式的优势在于实现了各类信息资源的高效整合，提高了服务效率，增强了图书馆的功能。

（三）高校图书馆的职业资格制度

图书馆的职业资格制度指的是按照国家或图书馆协会制定的职业技能标准和任职资格条件，通过政府主管部门认定的考核机构，对图书馆从业者的技能水平和任职资格条件进行考核和鉴定，为考核合格者授予相应的证书，准许其从事图书馆职业的制度。

高校图书馆作为学术信息中心，其职业资格制度在文化现象上体现出丰富多样的特征。其中，较为显著的文化特征可以归纳为民主性、平等性、以人为本的理念、法治精神和承担着历史责任。

1. 民主性

首先，民主性文化现象在高校图书馆职业资格制度中十分明显。在这个制度下，每个人都有机会公平公正地进入图书馆，成为一名图书馆馆人。它避免了图书馆成为所谓的"老弱病残""关系户""引进人才家属"俱乐部，保证了公众对图书馆职业的公正参与。

2. 平等性

平等性也是这一制度的重要文化特征。高校图书馆职业资格制度推动了职业竞争，倡导优胜劣汰，旨在提高图书馆人员的核心能力和竞争力，进一步提升职业的价值和待遇，吸引各类优秀人才加入图书馆，体现了对所有人平等对待的理念。

3. 以人为本

"以人为本"的理念在这一制度中得到了深化和发展。它将人才视为图书馆发展的首要要素，深知图书馆服务质量和图书馆的发展前景都与图书馆人员的素质息息相关。同时，通过提高职业准入门槛，这一制度彰显了对政府、学校等上级机构以及纳税人的负责态度，也体现了对读者在获取信息、知识、尊严等方面需求的关注。

4.法治精神

法治精神在职业资格制度中也被强化。遵循《职业资格证书规定》《中华人民共和国劳动法》《中华人民共和国职业教育法》等法律法规，高校图书馆职业资格制度充分表现了遵法守规、保障职业权益、承担法律义务的决心和行动。

5.承担着历史责任

高校图书馆职业资格制度也承担着历史责任。制度的实施者饱含使命感，他们勇于承担整合图书馆实践与图书馆学教育的重任，致力于构建公正公平的图书馆职业环境，以推动整个图书馆行业的发展。

（四）高校图书馆馆员的职业道德规范

图书馆馆员的职业道德规范，是一个在国际上普遍认同的行为规范框架，用于引导和约束图书馆馆员在执行职务时的行为。这种规范基于图书馆馆员的自觉意愿，对社会公开，以表明他们集体的职业道德、专业素养和行为规范。简单来说，这是一个职业的自我约束规范。

图书馆馆员的职业道德规范的目标是规范和提升图书馆馆员的职业行为，以提高图书馆服务的质量，并达到满足读者的需求、促进学术和文化发展的目的。因此，这种规范包括以下四个关键领域。

1.图书馆馆员与读者的关系

图书馆馆员应尊重每个读者的权利，提供公平、无偏见的服务，并且尊重读者的隐私权。他们应当致力于为所有读者提供高质量的信息服务，尽管他们可能对读者的观点或需求持不同的看法。

2.图书馆馆员与图书馆的关系

图书馆馆员应该维护图书馆的利益和声誉，也应保护图书馆的物品和资源不受损害。他们应该积极参与图书馆的规划和决策，以改善服务并推动图书馆的发展。

3.图书馆馆员与社会的关系

图书馆馆员应该是社会信息素养和学习的推动者，他们应该通过服务和教育，帮助公众理解和利用信息资源。他们也应该致力于促进自由访问信息的原则，并反对任何形式的审查制度。

4.图书馆馆员之间的关系

图书馆馆员之间应该互相尊重，进行良性的专业交流、鼓励合作和共享经验。他们应该尊重同行的权利，包括知识产权，也应该尊重他们的职业信誉。

此外，这个规范还包括图书馆馆员的职业信念、态度、技能和品德规范。这是一个很全面的框架，包含所有与图书馆馆员有关的职业行为。

二、高校图书馆制度文化建设的路径

高校图书馆制度文化是高校图书馆文化的重要组成部分，对于高校图书馆事业的发展具有重要保障作用。在高校图书馆的实践活动中，制度文化扮演着协调和规范图书馆与社会、图书馆与员工，以及图书馆内部各部门和工作之间关系的基本准则的角色。同时，它也成为图书馆内部领导者、各级管理人员和员工开展管理和实践活动的主要依据。

（一）制定高校图书馆制度体系的科学程序

高校图书馆制度的构建需要遵循一套科学程序，以确保制度的科学性、合理性和可行性。

第一步，分析矛盾，提出问题。通过深入研究高校图书馆的现实情况和存在的问题，识别和分析图书馆内部和外部的矛盾与问题。例如，图书馆面临的问题可能涉及人员素质、服务水平、技术手段等方面。准确把握问题的本质和关键矛盾，是制定科学有效的制度的前提。

第二步，明确目标，拟订方案。根据问题分析的结果，明确制度的目标和方向。制度目标的明确性和合理性是制度成功实施的基础。在拟订制度方案时，需要考虑具体的行为规范和操作界限，确保制度内容的准确性和清晰性。方案设计应该借鉴相关理论指导、科学知识和实践经验，从不同角度综合考虑，形成最佳方案。

第三步，论证方案，制定制度。对拟订的方案进行全面、系统的论证和评估，从可行性、效益、整体利益等方面进行综合分析。论证过程需要广泛听取各方意见和建议，吸纳多方观点，确保方案的科学性和可行性。在论证方案时，要权衡利弊，坚持正确的价值标准，确保制度符合实际需要和整体利益。

第四步，实施反馈，验证方案。方案确定后，实施并持续跟踪和反馈。通过实施过程中的实际效果和反馈信息，对制度进行验证和评估。根据实际情况，及时对制度进行补充、调整和修正，以保证制度的完善性和适应性。这一过程需要与图书馆内部员工和外部利益相关者保持紧密的沟通和合作，共同推动制度的落实和改进。

（二）制定高校图书馆的制度体系

高校图书馆制度由一系列规则、规定、章程、守则、标准、程序、决定、办法和方案细则等组成，构成了一个相互关联、相互制约、相互补充的图书馆制度体系。

1.高校图书馆基本规章制度

高校图书馆的基本规章制度主要涵盖组织和管理方面，其中包括图书馆的性质、方针、任务、领导体制与结构、组织机构、工作范围与职责、人员编制、人员素质要求以及各级职务名称和要求等内容。这些规章制度，如图书馆委员会制、职工代表会议制、馆长办公会制度、部主任例会制、岗位责任制、领导任期目标责任制等，对图书馆的组织和管理体制起着重要的指导作用。

2.高校图书馆行政管理规章制度

高校图书馆行政管理规章制度涵盖人事管理、经费管理、经营管理、建筑与物资设备管理、安全保卫等方面的内容，如表 2-1 所示。人事管理制度主要规定了人员的选择聘用、教育、考核、晋升、奖惩、福利及职业道德等方面的基本原则。经费管理制度涉及经费的筹措、控制、分配与使用等方面。经营管理办法规定了经营服务的原则、范围、政策界限、具体方法及收入分配与使用办法。建筑与物资设备管理制度主要规定了馆舍维修的原则和方法以及物资设备的选用、维修和使用等方面的规定。安全保卫制度包括防火、防盗、防水、防突发事件及保卫值班制度等，确保图书馆在开放和闭馆期间的安全。

表 2-1　高校图书馆行政管理规章制度

相关规章制度	具体内容
图书馆专业技术职务评审和聘用办法	主要根据中央部委和省、市专业技术职务评审和聘用文件精神，结合图书馆实际，制定图书馆专业技术职务考核方法、评审程序、聘用办法等

续　表

相关规章制度	具体内容
图书馆经费的管理与使用制度	主要规定图书馆经费管理与使用原则、筹措经费的方法、经费控制办法、各类经费的比例、经费分配与使用的批准权限、审核制度等
图书馆经营管理办法	主要规定图书馆经营服务的原则、范围、政策界限、具体方法及收入分配与使用办法
图书馆建筑与物资设备的管理与使用制度	主要规定图书馆馆舍维修的原则与方法，图书馆物资设备、装置的维修、使用的原则与方法等
图书馆安全保卫制度	规定在图书馆开放及闭馆期间的防范措施，防火、防盗、防水、防突发事件及保卫值班制度
图书馆行政管理制度	规定图书馆计划、总结、会议、工作、学习、休假、考勤、外事、信访、文书档案、医疗卫生、劳动合同、计划生育、后勤管理等制度
图书馆统计制度	规定图书馆统计范围、原始数据与资料的收集积累、报表、单位、方法、分析、人员职责等
图书馆环境管理制度	主要规定图书馆的美化环境、清洁卫生、公共标牌、环境保护等措施

3. 高校图书馆业务管理规章制度

高校图书馆业务管理规章制度包括图书馆的文献资源建设制度、文献资源加工条例、文献资源开发利用制度、数据库建设制度、数字图书馆建设规划、信息服务制度、计算机网络服务制度、读者服务管理制度、视听服务制度、社区服务管理制度等，如表2-2所示。这些规章制度涵盖图书馆业务技术标准、业务技术流程和业务管理方面的内容，对图书馆的文献资源建设、数字化发展、信息服务、读者服务等方面起着指导和规范作用。

表2-2　高校图书馆业务管理规章制度

相关规章制度	具体内容
图书馆文献资源加工条例	包括文献分类规则、编目规则、计算机文献管理原则、书目数据标准、目录组织规则等
图书馆文献资源开发利用制度	规定图书馆使用机型、图书馆自动化管理集成系统、数据标准、计算机应用范围及网络建设的步骤和措施
图书馆数据库建设制度	规定图书馆数据库的选题、类型、规模、数据标准、数据库建设方式、数据库建设周期、服务形式等
数字图书馆建设规划	主要规定数字图书馆建设方向、建设步骤、建设原则，数字图书馆技术架构、数字资源建设方法、数字图书馆服务模式等
图书馆信息服务制度	规定图书馆信息服务的内容、对象、形式及效益
图书馆计算机网络服务制度	规定图书馆网络服务的原则、读者上网应遵守的规则、网络系统维护与网络运营商合作关系等
图书馆读者服务管理制度	规定读者在享用图书馆为其提供服务的同时应尽的义务
图书馆视听服务制度	规定图书馆视听服务的内容、时间及性质
图书馆社区服务管理制度	规定图书馆社区服务的原则、措施及方法，如社区服务选点范围、服务点的建设方式等

（三）促进图书馆民主建设

1.图书馆民主对高校图书馆发展的意义

（1）图书馆民主有利于从根本上调动图书馆馆员的积极性。西方管理学者告诫世人，权力与物质刺激并不是管理的唯一手段，人的内在动力和人格尊严同样重要。图书馆民主化程度的提高，可以让员工更深刻地认识到自己的主人翁地位，从而充分发挥自身的潜能和创新性，努力为图书馆的发展作出贡献。这种对员工人格的尊重，使他们的内在能量得到充分的释放，极大地提高了图书馆服务质量和工作效率。

（2）图书馆民主有利于干群之间的情感沟通。通过实施图书馆民主，员工对图书馆的运作和决策过程有更深入的了解和参与，这无疑增强了他们对图书馆的归属感和认同感。同时，民主的环境也使领导者更加关注员工的需求和意见，更好地反映和满足他们的期待。这种双向的沟通和交流，无疑深化了干群之间的理解和友谊，使图书馆的工作氛围更加融洽、和谐。

（3）图书馆民主有利于图书馆精神和共同价值观的形成。在现代多元化社会，规章制度的制定和执行需要员工的自觉配合，而这种自觉性源于对图书馆目标和发展方向的共同理解和认同。图书馆民主实践中的广泛参与和自主决策，可以让员工深入体验和理解图书馆的价值观，从而形成与图书馆一致的共同理想，激发他们的责任感和使命感。

2.图书馆民主的实质

图书馆民主的实质是尊重人，彰显在社会主义人际关系的本质之中。在图书馆这一环境中，尊重体现在人与人之间的交往中，无论是员工之间，还是员工与外部人员的联系中，更重要的是在领导者与被管理者之间。尊重的内容包括尊重个人的独立性、自由不受侵犯的人身权利，以及人与人之间互为同志的精神。这是一种建立在共同利益基础上的同志式关系，包含着真诚的友谊、相互关心和完全尊重对方人格的深刻含义。

要做到尊重人，图书馆领导者必须关注三个方面的问题。首先，领导者需要正确看待自己与员工之间的关系，认识到他们都是图书馆的主人，而不是公仆。只有当领导者真心实意地把员工看作平等、独立、有尊严的人，才能维护好人际关系，保证尊重人的原则得以实现。如果领导者自命不凡，凌驾于员工之上，人际关系就会被破坏，尊重人的原则将无法实现。其次，尊重员工的人格，尊重他们的个性和爱好，尊重他们的宪法权利。这要求图书馆领导者坚持相信群众、依靠群众，相信员工有能力自我教育、自我管理。领导者的职责是激发员工的首创精神，为他们充分展示个人才智创造条件，使员工在实现自身价值的同时，也实现图书馆的社会价值和目标。最后，尊重人与关心人是密不可分的。关心员工不仅要在政治上和事业上关心他们的成长，也要关心他们的生活，帮助他们解决实际问题。这种关心使员工感到集体的温暖，使图书馆成为他们的"家"。

图书馆民主既是目的，又是手段。其目的是调动员工的工作积极性，增强图书馆的凝聚力。

3.高校图书馆民主意识的培养

对于高等学校图书馆来说，培养和实践民主意识不仅是一种内部管理的必要方式，也是实现图书馆社会价值和目标的重要途径。在这个过程中，尊重人、尊重人格和尊重人的选择是至关重要的原则，体现出图书馆民主的核心价值。

（1）图书馆领导者需要转变自身的观念和作风。这种转变包括提高重大事件的透明度，公开、公正、公平地处理图书馆所有的事务，营造一个制度化、公开化的图书馆环境，从而增强图书馆的凝聚力，调动员工的工作积极性。此外，图书馆领导者应该理解并接受他们作为"公仆"的角色，而不是"主人"。他们的权力来自员工，但并不高于员工。因此，领导者的工作应该以服务员工为主，尽最大努力满足员工的需求和期望。

（2）鼓励和支持员工参与图书馆管理是提高其工作积极性的有效方法。通过及时收集员工的意见，反映他们的需求和期望，并根据这些反馈调整图书馆的计划和策略，图书馆领导者不仅可以减少决策失误，而且可以使员工在参与管理的过程中积累经验，增长才干，有效地参与图书馆的民主管理。这种参与性管理模式也有助于消除领导者和员工之间的隔阂，建立更加和谐、平等的工作关系。

（3）图书馆还需要在提高员工自治能力方面作出努力。通过培养员工的民主意识，提高他们解决问题、解决矛盾的能力，可以有效地调动员工的工作积极性，激发他们的创新精神，从而推动图书馆的发展。此外，如果图书馆领导者能够意识到培养员工自治能力的重要性，他们就会更加尊重员工，倾听员工的意见，接受员工的监督，从而改进的领导风格，提高管理效率。

（四）注重高校图书馆制度文化的氛围营造

高校图书馆的管理与运作中，营造良好的制度文化氛围不仅有助于提高图书馆的工作效率，还有助于提升员工的职业素养与服务意识，进一步为高校师生提供优质的阅读与学习环境。

1.培养图书馆精神

图书馆精神是图书馆制度文化的基础，其中的价值观念、思想意识和行为准则被制定成条例或规定，进而构成了图书馆的制度文化。通过培养积极向上的图书馆精神，可以为图书馆制度文化的建设奠定坚实的基础。例如，图书馆应该提倡开放与共享的精神，鼓励员工尊重知识、尊重读者，提供优质的服务，同时，也鼓励员工保持专业精神，不断学习，提升自我。

2.通过多渠道的宣传与教育，将图书馆制度文化传播开来

可以利用报纸、广播、电视、网络等多种媒体进行图书馆制度文化的宣传与教育，同时，也可以通过会议、知识竞赛、演讲活动、讲座等活动形式，开展双向交流，使员工对图书馆制度文化达成共识，并在员工中形成文化氛围。例如，图书馆可以举办制度知识竞赛，既能让员工了解并记住相关制度，又能激发员工的学习热情。

3.利用人际交往的机制，传递图书馆制度文化

员工之间的交往，包括新老员工的交往、员工与管理者的交往、员工与读者的服务交往，都是图书馆制度文化的传递和影响的过程。在这个过程中，老员工可以向新员工传授价值观念和行为方式，同时，员工在服务过程中，也可以传递给读者图书馆的服务理念、服务行为规范等文化信息。例如，图书馆可以定期组织员工参与学习交流会，新老员工一起分享工作经验，提出改进建议，这既有助于员工之间的交流，也有助于制度文化的传递。

第三章　高校图书馆参与传统文化的
传承与创新

第一节　传统文化相关内容

中国传统文化深邃繁复，历史悠久。在其漫长的发展过程中，经过社会实践的推动以及思想家们的总结和归纳，逐渐形成了一系列珍贵的文化遗产。虽然这些文化遗产拥有全人类文明和文化的普遍特性，但由于它们是在中国特定的社会历史背景下诞生的，因此具有鲜明的中国特色，对中国社会的进步和中华民族的发展起到了不可替代的推动作用。因此，全面理解和掌握中国传统文化的特性以及其衍生的基本特征，是学习、理解和挖掘传统文化的基本前提。

一、传统文化的特质

任何文化的发展都是在特定的自然环境和社会历史背景下形成的。中国文化的特质正是由其独特的自然环境和社会历史背景塑造的。就地理环境而言，中国处于一个半封闭的、高度稳定的大陆环境中，与西方地中海地区的环境差别颇大。从物质生产方式来看，中国文化植根于农业社会，拥有几千年的小农经济历史，与中亚和西亚的游牧文化以及工商业发达的海洋文化也有着显著的不同。从社会组织结构角度来看，宗法制度在中国历史的演进中发挥了重要的维系社会秩序的作用，而长达两千年的专制制度在全球历史中也是罕见的。

正是这些独特的自然、社会和历史条件的相互作用和影响，塑造了与之相适应的、具有鲜明个性色彩的中国传统文化。如果从全球文明与文化发展的历史视角进行观察和比较，可以发现，中国传统文化的特质主要体现在以下四个方面。

（一）中国传统文化具有强大的生命力

中国传统文化，不仅是世界上最古老的文化之一，也在世界所有古老的文化和文明中表现出了顽强的生命力。它的历史延绵数千年，从远古至今未曾断绝，成为世界文化史上的一大奇观。而这种无与伦比的生命力，使得中国传统文化绵延不断，流传至今。

中国传统文化能够拥有如此强健的生命力，原因是多方面的。首先，东亚大陆的特殊地理环境，使华夏大地相对隔绝于外界，提供了一个稳定的环境，使文化得以延续。其次，长期以来，华夏文化以其明显的先进性，多次对北方游牧民族实现了文化上的同化，使征服者反而被征服的历史戏剧在中原大地上反复上演。例如，春秋时期以前的"南夷"与"北"交侵、十六国时期的"五胡乱华"、宋元时期的契丹、女真、蒙古人接连南下直至明末满族入关，虽然这些勇猛的游牧民族在军事上占据优势，甚至多次建立起强有力的统治政权，但他们的文化却总是自觉或不自觉地被华夏农耕文化同化。

在被华夏农耕文化的同化过程中，这些游牧或半农半牧的民族，如匈奴、鲜卑、突厥、契丹、女真、蒙古等，几乎都经历了由氏族社会向封建社会的过渡或飞跃。他们的军事征服，并没有导致被征服者的文化被毁灭或中断，反而使他们的文化被同化，进而得以发展和进步。在这个过程中，中国传统文化也多方面地吸收了新的养料，如游牧民族的骑射技术和边疆地区的物产、技艺等，进一步增强了其生命力。

正因为如此，可以将中国传统文化比喻为万里长江，汇集了无数的涓涓细流，形成了奔腾的大河，源源不断地向前发展，从不中断，直到汇入大海。在这个发展过程中，中国传统文化既保持了其一脉相承的连续性，又融合了中国各民族的智慧，形成了一个独特的、具有强盛生命力的文化体系，成为人类文化史上的伟大奇观。

（二）中国传统文化有着包容精神

中国传统文化以其深厚的底蕴和博大精深的内涵，在世界文化历史长河中独树一帜，其生命力的顽强和持久性，很大程度上归功于它的包容汇通精神。这种精神让中国传统文化能以开放的态度接纳多元的思想和知识，兼容并蓄，使其自身更加丰富和多元，展现出无与伦比的生命力。

在古代中国，众多的学派并立，各抒己见，形成了百家争鸣的局面。春秋战国时期，各种思想激荡，诸如儒家、道家、墨家、法家、兵家、农家、工匠家等，其学说相互碰撞、相互借鉴，形成了中国古代历史中的一大繁荣局面。儒家以仁、义、礼、智、信为核心价值，强调个人修养和社会责任；道家倡导"无为而治"，强调顺应自然，追求内心的自由和宁静；墨家主张兼爱、非攻，强调公正和互助；法家以法律和权力为主张，提倡以法治国。这些学说各有其特色和优点，各自都为中国传统文化的形成和发展作出了重要贡献。中国传统文化在对各种宗教的接纳上也表现出了极高的包容性和融合性。早在公元1世纪，佛教就传入中国，之后逐渐融入华夏文化，形成了具有中国特色的汉传佛教。佛教思想对中国文化，特别是文学和艺术产生了深远影响。在明清两代，基督教传入中国，也在一定程度上影响了中国的哲学、科学、教育和艺术。同样，中国传统文化也以开放包容的心态接纳了来自西方的基督教以及来自中亚的伊斯兰教等宗教。

中国传统文化在对外来文化的吸收和融合中也表现出了独特的能力。中国传统文化以其本土文化为主体，但并不排斥吸纳其他文化的优秀成分。例如，印度的佛教传入中国后，就被中国文化所同化，形成了具有中国特色的汉传佛教。而佛教的传入，也使中国的艺术、文学、哲学等领域得到了新的养分和启示。这种在接纳中保持本土特色的能力，使中国文化在经历了几千年的历史演变后，仍能保持其连续性和统一性。

在中国历史长河中，无论是对各种学说的包容，还是对多元宗教的接纳，抑或是对外来文化的吸纳，中国传统文化都展示出了其卓越的包容汇通精神。正是这种精神，使中国文化能在世界文化大家庭中保持其独特性，同时能吸收其他文化的优点，持续发展和创新，为人类文化的繁荣与进步做出了不可或缺的贡献。这种包容汇通的精神，不仅是中国传统文化的基本特征，也是其强大生命力的源泉。

在21世纪的今天，回望过去，看到的不仅仅是中国传统文化历经几千年的辉煌历史，还能看到其中包容汇通精神的力量。这种精神促使我们以更开放的视野去接纳世界，以更包容的态度去对待不同的思想和文化。同时，它也让我们坚信，中国传统文化将以其包容会通的精神，继续蓬勃发展，为人类的进步作出更大的贡献。

（三）中国传统文化推崇天人和谐的思想

中国传统文化特别推崇天人和谐的思想。天人和谐的思想，旨在寻求人与自然、人与社会、人与自我之间的和谐统一。它强调人们应该尊重自然、顺应自然，而不是去征服或改造自然。在这一观念中，天人之间没有明显的对立和分裂，它们之间是一种相互依存、相互影响的和谐关系。

中国哲学史家张岱年先生将中国古代思想家对天人关系的观念主要分为三种。

1.道家的"任自然"之说

庄子在《庄子·大宗师》中提出了"不以人助天"的理念，认为人应顺应天意，不应以人的意志去干预天的运行。庄子强调了人与自然应和谐相处，提倡"顺应自然，无为而治"的生活态度。

2.儒家的"辅相天地"之说

在《周易大传》中，儒家把天人和谐看作一种理想的生活状态，强调"先天而弗违，后天而奉天时"。在这种观念中，人不仅需要尊重和顺应自然，更需要与自然相互配合、相互协助，以实现天人的和谐统一。

3.墨子的改造自然之说

在《荀子·天论》中，墨子提出了人可以通过自己的努力去改造自然，从而实现自己的生存和发展。虽然这一观念与道家和儒家的天人和谐观念有所不同，但它仍然强调了人与自然之间的密切关系，提倡人们在利用和改造自然的同时，也要尊重和保护自然。在中国传统文化中，天人和谐不仅仅是人与自然之间的和谐，也包括人与社会、人与自我之间的和谐。天人和谐的思想要求人们在处理人与自然、人与社会、人与自我的关系时，都要寻求和谐和平衡，而不是一味征服或割裂。

在现代社会，中国传统的天人和谐思想显得尤为重要。自16世纪以来，西方文化在"人定胜天""征服自然"等思想的驱动下，取得了巨大的物质文明成就。然而，这也带来了生态平衡被破坏、环境污染、能源危机等社会问题。这无疑是破坏了天人和谐的结果。

当今世界对中国传统的天人和谐思想的关注和研究越来越多。许多西方学者开始认识到，只有尊重和顺应自然，才能实现人与自然的和谐相处，才能解决当前世界面临的各种问题。英国历史学家汤因比曾经断言：如果人类的未来文明不以天人和谐为基础，那么人类的前途将是可悲的。在此背景下，更应该深入理解和学习中国传统的天人和谐思想。应该从中汲取智慧，以更加和谐的态度面对自然、社会和自我，从而推动人类社会的健康发展。

（四）中国传统文化贯穿着以人为本的人文精神

中国传统文化是深深植根于以人为本的人文精神中。这一人文精神以人为尊，以人为本，反映出对人的尊重和理解。在这一框架下，中国传统文化自孔子起就超越了宗教，对鬼神敬而远之，形成了深刻的文化传统。并且，与西方长期存在的神本主义不同，中国历史上的宗教神学从未占据主导地位，即便是外来的宗教，如佛教、伊斯兰教和基督教，也都被儒家的人文精神所同化。

中国传统文化中的人文精神是建立在以"人"为基础之上的，这一思想渗透在各种社会关系和行为规范中。其中包括政治上的君臣关系，家庭中的父子、夫妇、兄弟关系，社会上的朋友关系，这些关系构成了中国传统社会的"五伦"。每一种关系都有其特定的道德行为规范，如君仁臣忠、父慈子孝、夫敬妇从、兄友弟恭、朋友有信等。这些伦理规范构成了人们在社会中应扮演的角色和义务，相互联系，相互制约，维持着社会生活的正常运转。

而在古代中国，重德的人生价值观也是基于这种人文精神培养的。在古人看来，人与动物的根本区别在于人有仁爱之心，有道德伦理的观念。所以，人的一生应追求的理想人格，就是能够坚持和践行以仁义为核心的伦理理想的君子。从这个角度出发，自然物也有了"比德"的意义。如孔子所言，"仁者乐山，智者乐水"（《论语·雍也》）。汉代学者刘向则对此进一步阐释："子贡问曰：'君子见大水必观焉，何也？'孔子曰：'夫水者，启子比德焉。遍予而无私，似德；所及者生，似仁；其流卑下，句倨皆循其理，似义；浅者流行，深者不测，似智；其赴百仞之谷不疑，似勇；绵弱而微达，似察；受恶不让，似包蒙；不清以入，鲜洁以出，似善化；至量必平，似正；盈不求概，似度；其万折必东，似意。'"（《说苑·杂言》）从中，可以看出，中国传统文化中重德行的文化传统，显然是从以人为本的人文精神中衍生出来的。

二、传统文化的基本特征

中国传统文化的特质规定着它所表现出来的种种特征。由于中国传统文化的历史源远流长，内容博大精深，因而在表现形式上就不可能是单一的，而是丰富多彩的，有着众多层次和方面的一个系统结构。传统文化的基本特征主要包括以下六个方面。

（一）以德行修养为安身立命之本

中国传统文化的基本特征之一是其强调以德行修养为人的基石。这种观念在中国传统中是最重要的，而且儒家的自我修养理论对此产生了深远影响。孔子认为，要将"世界无道"变为"世界有道"，就必须要求志士仁人在德行修养上达到仁智勇的"三达德"境界。只有当一个人达到这种德行修养的状态，他才能做到"智者不惑，仁者不忧，勇惧"（《论语·子罕》）。孔子自己的人生就是一个致力追求这种德行的典范。

在宋代，朱熹提出了"居敬察省"的德行修养理论。"居敬"是指始终保持一种认真和不马虎的态度，对待人、事、学问和基本的义理都要认真对待；"察省"是指时刻反省和检查自己。朱熹明白德行修养对于个人的重要性，因此他将《礼记》中的《大学》列为"四书"之首。《大学》之所以受到重视，是因为它强调了自我修养的八个步骤，并以世界和平和谐为其最终目标。这八个步骤的开始是诚意和正心，这是立志的基础；接下来的两个步骤是格物和致知，目的是了解世界；然后是修身，目的是完善自我，以便担负起社会历史责任；最后三个步骤是齐家、治国和平天下，其目的是在治理社会活动中实现个人的价值。在古代，《大学》是每个学者接触的第一本经典书籍，起着启蒙和帮助人们确定人生目标的作用。可以说，整个中国文化关于修养的论述都以它为主导。

中国传统修养理论主张诚意、正心、格物、致知、修身、齐家、治国、平天下，其中，修身是核心。诚意、正心、格物、致知是为了修身，齐家、治国、平天下是修身的必然结果。当一个人修身得当，就能使家庭和谐，国家治理得当，世界和平。因此，修身既是个人立身的道路，也是国家立国的道路。传统文化中的德行修养理论强调个人道德修养在社会生活中的重要作用，这是非常合理的。这种德行修养的传统造就了无数像范仲淹那样的"先天下之忧而忧，后天下之乐而乐"的志士仁人，他们的崇高德行成了民族道德理想的追求。这种道德理想对中华民族的历史和现实产生了深远的影响。

（二）以中庸为基本处世之道

中国传统文化有许多独有的特征，其中最显著的一条就是中庸之道。它强调取得平衡、谋求适度、避免极端，既是一个人生活和工作的原则，也是一个国家治理的重要理念。

中庸之道并非一味寻求妥协或者均衡。中庸的含义并不是通常人们所理解的平淡无奇或者毫无特色，它的"中"包含着中正、中和、不偏不倚的含义，而"庸"则是"用"的意思。因此，中庸的含义可以解释为适度、适用、适中，即采取一个既不过于极端又不失为合适的立场和行为。

尽管中庸的思想在孔子之前就已经存在，但是孔子和他的学生们确实对这个概念作出了重大贡献。从《论语》中可以看出，孔子明确指出了过于自由奔放的子张和过于严肃谨慎的子夏都没有做到中庸。他认为，只有做到中庸的人，才能被视为君子。这样的观念深深地影响了中国的社会、文化和道德。在中国的政治理论中，中庸也被视为一种理想的治理方式。孔子提倡领导者要有仁爱之心，但是同时又不能放任无为。他强调必须在坚定和宽容之间找到平衡，以此来维护社会的公正和稳定。此外，在经济政策方面，也需要遵循中庸之道，既要满足人民的需求，又要防止过度地压迫和贪婪。在日常生活中，中庸的原则也同样适用。孔子提倡的是一种注重内心实质而非表面装饰的生活方式，既要有质朴的实质，又要有合适的外在修饰。在处理人际关系时，孔子提倡中庸之道，反对过度自我中心或者固执己见。孔子的中庸之道，后来在儒家中得到进一步的发展和推广，成为中国传统文化的重要组成部分。《礼记·中庸》中，把达到中庸境界的过程，分成"博学之，审问之，慎思之，明辨之，笃行之"五个步骤，也就是说，要达到中庸之境，需要广博的学识、严谨的思维和坚定的行动。

尽管中庸之道有其积极的一面，但它也有可能成为折衷主义和明哲保身哲学的理论基础，这会在一定程度上阻碍社会的发展。因此，在赞美中庸之道的同时，也需要认识到它的局限性，从而使它更好地服务于现代社会。

（三）以耕读传家为根本的治家之道

中国传统文化的一大特色是以"耕读传家"为家庭经营的基本原则。在这个原则中,"耕"代表的是农耕,"读"则代表的是读书。这种观念深深植根于中国历史长河中,与中国长达两千多年的封建社会高度吻合。

古代中国社会的基础是以农业为主,依靠士人治理。意味着,要支撑社会发展,就必须尊重农业;要管理好国家,就需要重视读书。历代统治者都清楚这个道理,所以他们一直坚持以"重农"为治国安民的基本精神。《吕氏春秋》中有云:"霸王有不先耕而成霸王者,古今无有。"这是说,如果不重视农业,就无法成为一位伟大的领导者。这种"重农"的政策从春秋战国开始,就已经成为各朝各代统治者的既定策略。

此外,古代统治者也明白读书人在治理国家和社会方面的重要性。他们采用各种策略,把读书人吸纳到统治阶级中,任命他们为官,供给他们足够的俸禄,让他们为国家服务。这种重视农耕和尊重读书的政策也深深影响了普通人的家庭生活,形成了"耕读传家"的家庭经营理念。

中国一直有尊农的传统,视农业为生存之本。《周易》中说:"不耕获,未富也。"从秦朝开始,历代统治者的重农抑商政策,更是把人民牵制在土地上,使农耕成为百姓的基本生活方式。因此,农耕被认为是最可靠、最稳定的生存手段,除非在万不得已的情况下,否则不应该放弃。正因为如此,即使是通过商业或政府职务致富的人,他们也会购买田产,以此为基本的生存和发展策略。

在古代社会,读书就是唯一的出路。因为只有通过读书,人们才有可能获得官职,从而改善生活,甚至能够发家致富,为家族带来荣耀。孟子曾说:"士之仕也,犹农之耕也。"这句话的意思是,读书人做官,就如同农夫耕地一样,都是为了谋求生存。

因此,"耕读传家"不仅强调了生活的实际需求,也追求了人生的高尚理想。它将生活的现实和理想完美地结合在一起,形成了一种独特的生存智慧。这种观念是人们在尊农和尚书的社会环境中,最好的家庭管理方式。几千年来,"耕读传家"的观念深深植根于中国传统文化中,被世世代代的人们所接受和传承。

(四)以经学为治学之根本

在中国传统学术中,"经学"被视为学问的基石。这里的"经",指的是由孔子整理的六大古代经典,也被称为"六经"。这六部经典分别是《诗》《书》《礼》《易》《乐》和《春秋》,涵盖政治、历史、哲学、文学、音乐以及典章制度等众多方面。在孔子之后,儒家形成了多个分支,但无论哪一派都极度重视"六经"。

例如,据《劝学》中所述,学术研究始于研读经典,终于读懂礼法。到了汉代,董仲舒的建议得到了汉武帝的赞同,于是汉武帝罢黜了其他学派,独尊儒家,使"经"的地位大幅提高。研究"六经"以及其他儒家经典的学问被称为"经学",并在那个时期的学术界独步天下。

随着时间的推移,"经"的数量也在不断扩充,到了宋朝,经典数量已增至"十三经",包括《论语》《孟子》以及古代经典解读的参考书《尔雅》等,成为所有学术文化的基础。

因此,在中国古代,"经"被赋予了不容置疑和无法改变的权威性。汉朝通过实行"以经取士"的选官制度,更进一步引导了学者专注于"经"的研究。从此,传授经典和解读经典都成了专门的学问,并从汉代至清代逐渐发展为官方哲学——"经学"。这些"经"经常被雕刻在石碑上,以展示其权威性。据历史记载,中国历史上有七次大规模的刻经活动。今天,在西安碑林博物馆中,仍能看到唐朝时期的"开成石经"。历代对"十三经"的注释、解释和发挥,也是层出不穷。根据清朝乾隆年间的《四库全书总目》记载,"经部"的著作有1773部20427卷。从汉代开始,经学在所有学术领域中处于至高无上的地位。

然而,尽管经学涵盖人文科学以及部分自然科学,但由于其自成一套体系,位居所有知识之上,无形中排斥了科学的独立性,这对于古代自然科学的发展显然是有害的。这也是明清之后中国科学技术落后的一个重要文化原因。

(五)追求义利合一是中国传统文化中基本的价值思想

在中国传统文化中,"义利合一"是一个核心的价值观,它在古代思想家们长期关于义利的辩论中逐渐形成。"义"在此处指道德正义,而"利"则表示物质利益。从先秦时代开始,中国的古代哲人们就纷纷表达了他们对于义利关系的见解。

儒家思想家孔子和孟子都倡导"重义轻利"。孔子说过:"君子喻于义,小人喻于利。"(《论语·里仁》)他承认利的存在,但反对追逐利益而忘记道义,他主张君子应当把道义放在首位,遇到利益时要先考虑道义。孟子在孔子的思想基础上更加强调了义利之间的对立,他认为君子和小人的区别就在于他们是为了道义还是为了利益。

思想家荀子则认为，任何人在行事时都不可能完全忽视个人利益，但个人利益的追求应该在道义原则的指导下进行。他说过："义与利者，人之所两有也。"（《荀子·大略》）这意味着，即使是伟大的尧、舜也不能完全消除民众对利益的追求，即使是暴君桀、纣也不能消除民众对道义的向往。因此，荀子提出了"见利思义"的原则，这与孔子的思想基本一致，但他更承认人们有追求利益的本性。

到了汉代，董仲舒提出了"正其谊不谋其利，明其道不计其功"（《汉书·董仲舒传》）的观点，将重义轻利的思想推向了极端。因此，清初的启蒙学者颜元针锋相对地提出了"正其谊以谋其利，明其道而计其功"（《四书正误》）的反面观点，他认为君子应该珍视那些包含在道义之中的利益，并尝试将义利相结合。

虽然颜元的观点纠正了董仲舒的尚义反利的极端观点，但在整个中国传统文化中，由于正统儒家思想处于主导地位，重义轻利，甚至尚义反利的思想仍然是主流。这一传统一方面保持了中国古代社会的稳定性和延续性，塑造了中国人道德至上，重视气节和个人品格的民族性格；另一方面这种思想也存在着一些弊端，如压抑人们的物质欲望和扭曲人性。

（六）在思维方式上，以直观意象为主

中国传统文化的思考模式主要以直观和象征性的方式为主，与西方文化更侧重于逻辑推理的思考模式不同。这种思维方式主要依赖于直观和直觉来理解和领会事物。这种思维方式首要体现在儒家、道家、佛家的认知理论上，它们都强调了这种思维方式的重要性。最显著的例子是在理学的思想中，儒、道、佛三家的思想被完美地融合在一起。理学家在宋明时期认为"太极"和"天理"是包含宇宙和人生所有真理的基本存在。然而，他们认为，对这个本体的理解，只能通过直觉和顿悟才能实现。

例如，以朱熹为代表的理学派强调"格物致知"和"即物穷理"，他们认为积累经验和知识是达到顿悟的必要条件。最终通过顿悟实现"豁然贯通"，通过渐进的理解来完成心灵的统一和天人的合一。而以陆九渊和王阳明为代表的心学派则主张立即的参悟，明了心灵和本性，他们强调"立其大者"以及"点铁成金"的观念。

三、对中国传统文化的客观评价

自 20 世纪 80 年代开始，一场被称为"文化热"的现代文化运动突然兴起。在这场"文化热"中，关于中国传统文化的重新评估、中西文化的冲突与融合等话题开始从学术圈走向公众视野，成为全社会共同关注和讨论的焦点。这可能从侧面展示了这个古老的国家正在经历的社会变革的深度和广度，也反映出人民对构建与现代化相适应的新文化体系的强烈需求。

也可以看出，在"文化热"中，人们对中国传统文化在现代社会中的意义评价呈现出各种不同的观点，众说纷纭。在笔者看来，要在中国传统文化的现代意义问题上达成某种程度的共识，首先需要解决对中国传统文化的科学评价问题。可以说是在探索中国传统文化内涵的现代意义的理性前提。当谈到科学和合理地评价中国传统文化时，本质上是指从整体上对中国几千年的传统文化的辩证发展进行规律性的探索，从而客观理性地对中国传统文化进行总体评价，而非主观随意地评判。正是基于这一指导思想，在这里对中国传统文化进行以下三方面的概述性评价。

（一）中国传统文化是统一性与多样性的对立统一

在秦汉时期，中国传统文化开始形成封建的大一统文化，以董仲舒倡导的"独尊儒术"推动其统一性达到顶峰。然而，这并不意味着中国传统文化只具有单一的内涵。相反，中国传统文化实质上是多样性的统一。

从内容上看，中国传统文化既有对自然世界的认知，也有对社会人文、政治、经济、科学技术等方面的深刻思考。其中无疑蕴含着深刻而合理的见解，这是中华民族的共同精神财富。不能因为其强调封建社会的阶级性，而忽视这些合理性。同时，从时限上看，中国传统文化中既有古代的传统文化，也有近代的传统文化。在学术流派上，先秦时期就有儒、墨、道、法、阴阳、名、兵、农等诸子百家，后期又有彼此的交流、融合和演变，产生了新道家、新法家、新儒学以及佛教、道教等宗教文化。从马克思主义哲学党性原则来看，中国古代哲学既有唯物主义的传统，也有唯心主义的传统，还有辩证法和形而上学的传统。在文化层面，价值追求既包括哲学的、道德的价值追求，也包括个人生命的、科学技术的、文学艺术的、终极关怀的价值追求。因此，对中国传统文化的评价如果仅限于某一领域或方面，往往会偏离全面。相反，如果能够正确理解中国传统文化中这种统一性与多样性的矛盾统一，就可以从多个角度、多个层次，甚至是多个领域来挖掘这一文化内蕴的现代意义，为构建符合社会主义现代化要求的新文化提供服务。

要理解中国传统文化的统一性与多样性的对立统一，就需要站在更广阔的历史和文化视野中去观察和思考。在时间的长河中，无数的文化现象在历史的洪流中涌现、繁荣、衰败、再繁荣，这就是中国传统文化的生命力所在。它像一颗巨大的树，根深、枝繁、叶茂，充满了生机。其统一性体现在它的根系上，即那些深深植入中华民族的世界观、人生观、价值观等基本观念，构成了中华民族的精神基因。而其多样性体现在它的枝叶上，即那些在不同历史时期、不同地理环境、不同社会背景下涌现出的各种文化形态和思想流派，造就了中华文化的丰富多彩。

统一性与多样性的对立统一是中国传统文化的一大特征。这种对立统一是一种动态的、发展的统一，它既体现了中国传统文化的生命力和包容性，也反映了中华民族在长期历史发展过程中形成的开放和进步的精神风貌。在新的历史时期，要充分挖掘中国传统文化的内涵，充分认识和理解它的统一性与多样性的对立统一，从而更好地为社会主义现代化建设服务，更好地为中华民族的伟大复兴服务。

（二）中国传统文化是连续性与变革性的对立统一

中国传统文化的持续性与变革性的对立统一，是其深厚历史底蕴和强大生命力的重要体现。中国文化历经数千年的沧桑变迁，不仅保持着持久的延续性，而且始终保持着旺盛的变革性。

中国传统文化的持续性是其独特的魅力所在。从远古时期到夏商周三代，再到秦汉、宋明，一直到现代，中国传统文化形成了一个持续发展的历史长河。在这个过程中，历代的文化成果被传承下来，形成了丰富的文化遗产。例如，春秋时代的孔子总结了夏商周三代文化的成果，创建了儒家学说，这一学说对后世产生了深远影响。董仲舒的天人感应、阴阳五行、儒道法互补的思想体系以及宋明理学，都成了中国封建社会中长期发挥影响的意识形态。

尽管中国文化历经战乱动荡、社会分裂和王朝更替，但其传承始终没有中断。相反，它在继承已有成果的基础上，不断地获得发展和创新的动力。这就体现了中国传统文化的变革性。在每一个历史阶段，中国传统文化都在不断地进行创新和发展。例如，在先秦时期，周人对前人的文化进行了维新，孔子对周礼进行了重新阐释，孟子深化并发展了孔子的思想，荀子总结并融合了先秦百家的学术思想。这些都表现为一个连续性与变革性的统一过程。所以，中国传统文化的发展历程中，各个时期的思想家都在以传统为根基进行创新。同时，每一次创新的思想文化成果又成为传统的新的组成部分。这样的发展规律不仅可以帮助消除在理解传统文化时将传统等同于守旧的偏见，也为今天研究传统文化的现代意义提供了重要的启示。

在新的历史时期，应该以积极的态度面对传统文化，既要继承其精髓，又要对其进行创新。只有这样，中国传统文化才能在新的历史条件下发挥更大作用，为中华民族的伟大复兴提供精神支撑。

（三）中国传统文化是独立性与融通性的统一

中国传统文化的特征之一便是它的独立性与融通性的对立统一。其中，独立性是指中国传统文化是由中华民族独立创造、发展形成的；而融通性则是指中国传统文化在历史长河中，始终能够对其他文化充满包容性并予以吸收，形成了自己独特的融合性。

首先，中国传统文化的独立性主要体现在，自远古时代起，中国人就以独特的汉字为载体，创造出了自己的哲学、道德、宗教、文学艺术的学术思想体系，这一点在世界文化历史中独一无二。例如，语义和语音体系、礼仪典章制度、风俗习惯、民族性格和民族心理以及医学理论体系，如中医学，都是华夏民族独有的，具有较高的文化价值和独立性。其次，文化艺术也极具独立性。例如，戏曲艺术有着虚拟写意的特点，充满了浓厚的东方气韵；中国书画以其气韵生动、千变万化的技法，吸引了无数人的目光；楹联艺术以其工整对仗、情理交融，成为中国特有的艺术形式。

尽管中国传统文化具有极高的独立性，但它并不封闭，反而对外来文化充满了融通性。从历史上看，中国传统文化对外来文化的吸纳和融合，无疑是其能够持续繁荣发展的重要原因。唐代就是一个很好的例子，唐代文化繁荣，不仅是因为吸纳了印度的佛教，并逐渐将其中国化，而且景教（基督教）、伊斯兰教和太教等外来宗教也传入了中国，使唐文化呈现出多元化的特点。

四、继承中国传统文化应当遵守的基本原则

1840 年鸦片战争爆发，标志着中国传统文化从古代转向近现代。在这个充满危机和痛苦的转型过程中，人们对以儒家文化为代表的传统文化产生了许多激烈的情绪。20 世纪二三十年代，全盘西化与中国文化本位的争论充分反映了这种情绪。

以毛泽东为代表的中国共产党在构建新民主主义文化的过程中，科学地确立了对待中国传统文化应持有的基本方法论原则，这就是毛泽东在《新民主主义论》中提出的批判地继承中国传统文化的主张。在论述新民主主义文化构建的基本思想时，毛泽东特别强调了如何处理中国古代文化的问题。他说："在中国的长期封建社会中，创造出了灿烂的古代文化。清理古代文化的发展过程，剔除其封建性的糟粕，吸收其民主性的精华，是发展民族新文化，提高民族自信心的必要条件。但决不能无批判地兼收并蓄。必须将古代封建统治阶级的一切腐朽的东西和古代优秀的人民文化即多少带有民主性和革命性的东西区别开来。中国现时的新政治新经济是从古代的旧政治旧经济发展而来的，中国现时的新文化也是从古代的旧文化发展而来，因此，必须尊重自己的历史，决不能割断历史。但是这种尊重，是给历史以一定的科学的地位，是尊重历史的辩证法的发展，而不是颂古非今，不是赞扬任何封建的毒素。"

毛泽东的这段论述，概括了对传统文化的两个基本原则：一是不能割断历史，二是必须批判地继承。这既划清了与民族虚无主义的界限，也与文化保守主义划清了界限。正是遵循这个对传统文化批判继承的基本原则，通过思维的抽象，可以对中国传统文化内容进行不同的识别和分类，然后在此基础上挖掘传统文化的现代意义。

（一）去其糟粕，取其精华的原则

中国传统文化，是经过几千年发展和演变形成的，底蕴深厚。其中无疑包含了丰富的封建主义文化成分，因此，在面对和处理传统文化时，必须持有明确和坚决的态度——对其封建文化性质的观念形态以及反映这些观念形态的所有"物化"的事物进行彻底的批判。

在道德伦理、秩序制度、价值观念、风俗习惯、民族心理、思维方式等各方面，封建主义的影响痕迹几乎无处不在。大至专制制度、等级观念、宗法思想、人治传统等，小至待人接物的礼教规范和为人处世的"不敢为天下先"的

保守原则等，都有封建文化的痕迹。对于这些现实社会中的传统文化的遗留物，应坚决摒弃。而一些虽然不是封建文化所独有的，但却反映了农业文明局限的观念，如重农轻商、狭隘短浅的眼光、听天由命、求稳怕乱的心态，抱残守缺、不求进取的心理等，也应随着时代的发展而被淘汰。

但是，必须看到，传统文化并非全部都是封建糟粕，其中也包含一些早在民族诞生阶段就开始形成，并在民族的整个发展过程中始终存在的价值观念和风俗习惯。这些已成为民族文化的基本规范和原则，对这些应在批判和改造的基础上，进行辩证的继承。这种继承是批判性的，因为这些，文化元素中往往存在着糟粕与精华并存的现象，因此，在发掘其现代意义的过程中，必须特别注意取其精华，去其糟粕。

例如，今天在面对工业文明带来的诸多负面影响时，会自然地回归到"天人合一""义利合一"以及"仁、义、礼、智、信""礼、义、廉、耻""忠孝"等传统文化观念。然而，在重新评价和运用这些传统观念时，必须赋予它们新的时代内容。从新的视角理解和应用这些传统价值观，从而使它们在现代社会中发挥出新的活力。

又如，可以将"天人合一"的观念与现代环保理念相结合，从而提倡和实践与自然的和谐共生，尊重自然，保护环境，同时尊重人的价值和尊严，促进人与自然的和谐发展。在这个过程中，不仅能够解决当前面临的环境问题，也能够为未来的可持续发展提供强有力的精神支持。

再如，可以将传统的"义利合一"观念与现代的企业社会责任理念相结合，倡导企业在追求经济效益的同时，也要注重社会效益，关注社区和环境的发展，实现企业与社会的共同发展。这种观念的传播和实践，将有力地推动社会的健康和和谐发展。

同样，可以将"仁、义、礼、智、信""礼、义、廉、耻""忠孝"等传统价值观与现代的公民道德理念相结合，教育和引导公民在遵守法律、尊重他人、积极参与社会公共事务的同时，也要保持诚实、公正、勤劳、节俭的个人品格，积极塑造健全的人格，实现自我价值的提升和社会价值的实现。

（二）继承并发扬优秀文化遗产的原则

在中国传统文化的处理和继承中，必须特别关注并积极传承传统文化中的优秀文化遗产。这一部分的文化并非封建社会特有的，而是与中华民族的整个历史共存的，也共生了一些积极的文化成分。这些成分，既是传统文化的优秀遗产，也是未来发展的重要精神支撑。

中华民族自古以来就有深厚的爱国主义传统。爱国主义是一种道德和情感的结合，它要求中华人民忠诚于祖国，热爱家乡，热爱民族，维护国家的独立和尊严，维护民族的尊严和权利。在今天，这一优秀传统仍然具有深远的现实意义，也是面对未来挑战的重要精神动力。

中国传统文化中也强调了人际关系的和谐。尊重每个人，注意人与人之间的互动，倡导尊老爱幼，讲究家庭和睦，注重团结协作，提倡仁爱之心，这无疑也是民族文化中的一种宝贵财富。这种关注人际关系的和谐，尊重他人，充满爱心和仁心的精神，对于构建和谐社会，推动人的全面发展具有十分重要的意义。此外，传统文化中也有一贯尊重事实的求实精神。这种精神体现在对待事物的态度上，讲究实事求是，重视实践，注重实效，这无疑是在当今社会，尤其是在科技发展迅速、信息爆炸的今天，面对各种复杂问题，解决各种社会矛盾，推动社会进步的重要精神工具。

中华民族的自尊心、自信心、勤奋、勇敢、吃苦耐劳的美德，以及百折不挠、越挫越奋的抗争与自强精神都是中华民族精神，是中华民族历史长河中的宝贵财富，也是在未来发展中不可或缺的精神支撑。这些优秀的传统文化并不与现代工业文明的优点和长处产生冲突，反而，它们补充和弥补了现代工业文明的不足。因此，应该积极地保护和传承这些优秀的传统文化，让它们在日常生活中得到展现，让我们的后代也能从中受益。

面对中国传统文化，尽管需要摒弃封建的、陈旧的、落后的文化糟粕，但更应该珍视和发扬独特的、积极的、富有生命力的优秀传统文化。这些文化不仅是中华民族历史中的瑰宝，也是面对未来挑战的重要精神资源。应该以开放的心态、批判的眼光、积极的态度对待中国传统文化，既要看到其局限和缺点，也要看到其积极的一面。应该把握好这个度，既要去其糟粕，取其精华，又要发扬其优点，继续创新，以此推动中华民族文化的繁荣和发展。

第二节　高校图书馆参与传统文化的传承与创新的优势与意义

一、高校图书馆参与传统文化的传承与创新的优势

高校图书馆作为知识的仓库和学术的支持者，具有丰富的馆藏资源。这些资源不仅包括纸质图书、期刊、报纸等传统文献，还包括数字化资源、电子图书、数据库、在线期刊等电子资源。高校图书馆通过不断购置和更新馆藏，不仅满足了师生的学习和研究需求，也为高校的教学、科研和学术交流提供了坚实的支持。

第一，高校图书馆积极采购纸质图书和期刊。高校图书馆与出版社、图书馆联盟等建立了长期的合作关系，通过订购和捐赠等方式，持续增加纸质图书和期刊的数量和种类。这些馆藏资源涵盖各个学科领域，为师生提供了广泛的学习和研究资料。此外，高校图书馆还注重特色馆藏的建设，如在特定领域或地域文化上建立特色数据库，为学术研究提供了独特的资源支持。

第二，高校图书馆大力发展数字化资源和电子图书。随着信息技术的迅速发展，高校图书馆积极采用数字化技术，将馆藏资源数字化并建立相应的数据库和在线平台。通过购买数据库和订阅在线期刊，高校图书馆为师生提供了便捷的电子资源获取渠道。这些数字化资源具有存储容量大、检索速度快、支持全文搜索等优势，为读者提供了更加便利和高效的学习和研究环境。

第三，高校图书馆还积极开展馆际合作和资源共享。通过与其他高校图书馆的合作，高校图书馆可以借阅或共享资源，进一步丰富馆藏。例如，建立跨校图书馆联盟，共享各校图书馆的资源和服务，通过互联网技术实现资源的共享与互通。这种合作和共享机制为高校图书馆提供了更广阔的资源获取渠道，让师生受益于更多的学术和文献资料。

二、高校图书馆参与传统文化的传承与创新的意义

（一）高校图书馆为文化传承提供保障

高校图书馆的主要职能是收集、整理、保存和提供各类信息资源，满足师生的教学、科研和学习需求。在传统文化的保护和传承方面，图书馆发挥着知识保障的作用。首先，图书馆收藏了大量的关于传统文化的书籍、期刊、报纸、音像资料等，这些资源是对传统文化的记录和反映，为研究和理解传统文化提供了重要的知识基础。其次，高校图书馆通过分类、编目、建库等方式，系统化地组织和管理这些资源，使读者可以方便地获取和使用这些资源。此外，高校图书馆还通过数字化等手段，保护和延长了这些资源的使用寿命，为传统文化的长期传承提供了保障。同时，高校图书馆可以利用自身的网络平台，如图书馆网站、社交媒体等，进行线上展示和推广，为传统文化的传承提供更多的可能。

从更深层次来看，高校图书馆作为知识和文化的载体，其在传统文化传承方面的作用有着深厚的理论基础。一方面，图书馆的知识资源本身就是文化的一部分，它们是传统文化在特定历史时期的具体表现和体现，是文化传承的物质载体；另一方面，图书馆作为公共文化空间，也是文化交流和传播的场所。高校图书馆中的读者、学者、图书馆馆员等不同角色在交流和互动中共同构建和传播文化，这种人与人之间的互动也是文化传承的重要形式。

（二）高校图书馆推动传统文化的创新

传统文化的创新是文化发展的重要推动力。高校图书馆在此过程中发挥着推动创新的作用。首先，高校图书馆为读者提供了大量的传统文化资源，这些资源为读者理解和认识传统文化提供了必要的知识基础，使他们可以在尊重传统文化的基础上进行创新。其次，高校图书馆为读者提供了多元化的信息资源，包括国内外的最新研究成果、前沿理论、创新实践等，为读者提供了新的思想、新的知识、新的研究方法，激发了他们的创新思维，启发读者从不同的角度和层面对传统文化进行反思和创新。再次，高校图书馆通过开展各类学术活动，如讲座、研讨会、读书会等，为读者提供了交流和互动的平台，使他们可以集思广益，共同探索传统文化的创新路径。最后，高校图书馆通过提供各类服务，如检索、咨询、培训等，为读者的创新活动提供了方便和支持。例如，高校图书馆通过提供咨询、培训等服务，帮助读者提高信息素养，提升他

们的信息检索能力和分析评价能力，使他们在获取和使用信息的过程中，能够有效地进行创新思考和创新实践。

第三节 高校图书馆参与传统文化的传承与创新的策略

一、营造传统文化的氛围

营造传统文化的氛围是高校图书馆为推动传统文化的传承与发展所应采取的重要措施之一。通过宜人的学习环境、丰富的文化活动和传统文化资源的展示，高校图书馆可以引导师生走进传统文化的世界，感受传统文化的魅力和价值。

首先，高校图书馆可以通过改善学习环境，营造传统文化的氛围。一个宽敞、明亮、舒适的图书馆空间可以让人沉浸在知识的海洋中。图书馆的布局和设计可以融入传统文化的元素，如使用传统的建筑风格、装饰和文化符号等。高校图书馆通过悬挂传统文化的书画作品、展示传统文化的文物和手工艺品等，营造出浓厚的传统文化氛围。

其次，高校图书馆可以举办丰富多彩的文化活动，促进传统文化的传承。例如，举办传统文化讲座、展览和工作坊，邀请专家学者进行传统文化的解读和探讨，增加师生对传统文化的了解和兴趣；组织传统文化体验活动，如传统手工艺品制作、传统音乐演奏和传统舞蹈表演等，让师生亲身参与其中，感受传统文化的魅力；举办传统节日庆祝活动，如春节、端午节和中秋节等，使师生能够在校园中体验传统节日的习俗和文化内涵。

最后，高校图书馆可以展示丰富的传统文化资源，让师生更加深入地了解传统文化。图书馆可以建立专门的传统文化专题展区，集中展示与传统文化相关的图书、期刊、文献和多媒体资料。可以引入数字化技术，建立数字化传统文化资源库，提供在线浏览和搜索功能，方便师生随时随地获取传统文化的知识和信息。可以与相关机构合作，举办传统文化文献的展览和交流活动，邀请传统文化研究领域的专家学者举办学术讲座和研讨会，进一步推广传统文化的研究和传承。

二、注重传统节日，开展讲座，宣扬传统文化

为了传承和弘扬传统文化，高校图书馆可以通过开展各类讲座和活动宣扬传统文化，特别是与传统节日相结合，使传统文化焕发出更加生动活泼的魅力。

首先，高校图书馆可以邀请专家学者举办传统文化的讲座和研讨会。这些专家学者可以深入解读经典文献、传统文化经典著作，借助精彩的讲解和深入的分析，让师生更加深入地了解传统文化的内涵和价值。例如，可以邀请著名的文化学者解读《论语》《道德经》等经典著作，讲述其中蕴含的智慧和道德观念，引导师生从传统文化中汲取智慧和力量。其次，高校图书馆可以与学校其他部门合作，举办传统节日庆祝活动。例如，在春节、端午节、中秋节等传统节日来临之际，可以组织丰富多彩的活动，如舞龙舞狮表演、传统音乐演奏、传统手工艺品展示等，让师生亲身参与其中，感受传统节日的喜庆氛围和文化内涵。同时，可以邀请专家学者进行讲解，解释节日的来历和文化背景，加深师生对传统节日的认识和理解。此外，高校图书馆还可以举办传统文化主题展览，展示与传统文化相关的图书、文献和艺术品。通过展览的方式，将传统文化的丰富内涵和魅力展现给师生，激发他们对传统文化的兴趣和研究的欲望。展览可以包括传统文化的历史演变、经典文献的珍藏与解读、传统手工艺品的展示等，通过图文并茂的展览方式，将传统文化生动地呈现在师生面前。

高校图书馆可以举办《中国传统节日文化展》，设置不同的区域，每个区域展示一个传统节日，通过图片、文字、实物等多种形式，介绍节日的由来、习俗、民俗和相关的传统文化元素。还可以邀请学校的文化社团、艺术团队进行传统舞蹈、音乐演奏等表演，增加展览的艺术感和趣味性。

通过这些活动和展览，高校图书馆能够打造一个传统文化氛围浓厚的学习和交流平台，使师生在学习和生活中都能够深度融入传统文化的魅力。这不仅有助于传承和弘扬传统文化，培养师生的传统文化素养，还可以为高校传统文化的发展和创新提供重要的支持和推动力量。

三、加强传统文化特色馆藏建设

加强传统文化特色馆藏建设是高校图书馆推动传统文化的传承和弘扬的重要举措。通过积极采集新文献、整理和发掘旧文献，图书馆能够建立起丰富的特色馆藏，为师生提供深入研究传统文化的优质资源。

　　首先，图书馆可以根据自身的定位和特色，采集和购置合适的传统文化典藏。这些典藏可以包括经典文献、古籍善本、传统艺术作品、古代文物等，涉及中国传统文化的各个领域和方面。可以收集古代经典著作如《论语》《道德经》《四书五经》等，传统艺术作品如中国画、书法等。这些特色馆藏不仅具有历史价值和艺术价值，还能为师生提供深入了解和研究传统文化的机会。其次，图书馆要积极开展文献的发掘和整理工作，包括对旧有馆藏的整理和数字化整理。通过整理旧有馆藏，可以发掘出更多珍贵的传统文献资源，将其保护和利用起来。通过数字化整理，可以将传统文献数字化，方便师生随时获取和使用，提高资源的利用率。例如，图书馆可以与相关机构合作，对珍贵古籍进行数字化修复和存储，使这些宝贵的传统文化资源得以长久保存并为师生所用。另外，图书馆还可以通过与专业机构、学者合作，开展传统文化的研究和出版工作。通过与专业研究机构的合作，图书馆可以获得更多权威的研究成果和学术著作，丰富特色馆藏。图书馆可以与学校的传统文化研究中心或相关学科专业合作，开展传统文化研究项目，促进传统文化的深入发掘和理论研究。这些研究成果可以以出版物的形式呈现，丰富图书馆的特色馆藏。

　　例如，某高校图书馆与学校的中国传统文化研究中心合作，开展了一项关于中国传统戏曲的研究项目。他们通过深入研究不同地区的传统戏曲剧种、历史演变、表演技巧等方面，整理和采集了大量与传统戏曲相关的书籍、音像资料、图片等。这些资源被整理为专门的戏曲馆藏，供师生学习和研究使用。同时，还出版了一本关于传统戏曲的研究成果集，使这些研究成果能够为更多人所了解和学习。

　　通过加强传统文化特色馆藏建设，高校图书馆能够为师生提供丰富的传统文化资源，激发师生对传统文化的兴趣和研究热情，促进传统文化的传承和发展。这不仅有助于提升师生的文化素养，还为高校的传统文化教育和研究提供了重要的支持和平台。

四、开展传统文化影视活动

　　开展传统文化影视活动是高校图书馆推动传统文化的传承和弘扬的有效途径。通过影视剧、舞台剧等形式，将传统文化形象化、场景化地展现给师生，让他们直观地感受和了解传统文化，提高艺术鉴赏力和创造力。

　　首先，高校图书馆可以组织传统文化影视作品放映活动。在图书馆内放映优秀的传统文化影视作品，如经典的古装剧、传统戏曲改编的影视作品等，邀请师生观看并进行相关讨论。这样的活动不仅可以让师生在轻松愉快的氛围中接触传统文化，还可以增加师生对传统文化的兴趣和理解。同时，图书馆还可以组织相关的讲座或座谈会，邀请专家学者对影视作品进行解读和分析，深入探讨其中的传统文化内涵。其次，高校图书馆可以积极推动学生参与传统文化影视作品创作。通过组织学生参加编剧、演员、导演等相关工作，让他们亲身体验传统文化影视作品创作的过程。学生可以根据自己对传统文化的理解和喜好，编写剧本、设计角色形象，甚至参与影视作品的拍摄和后期制作。这样的活动可以激发学生的创造力和表现欲望，培养他们对传统文化的热爱和保护意识。同时，学生参与影视作品创作也有助于提高他们的团队合作能力和表达能力，培养综合素质。另外，高校图书馆可以借鉴角色扮演的方式，组织传统文化主题的 cosplay 活动。让学生扮演传统文化中的经典角色，如古代文人、戏曲角色、历史人物等，使学生身临其境地感受传统文化的魅力。这样的活动不仅可以加深学生对传统文化的了解和认同，还能激发他们的创造力和想象力，使他们更加深入地体验和传播传统文化。

　　例如，某高校图书馆举办了一场名为"传统文化角色扮演节"的活动。学生自愿报名参加，他们可以选择扮演自己喜欢的传统文化角色。活动当天，图书馆内布置了专门的场地，为每位参与者提供了合适的服装和道具，使他们能够更好地还原角色形象。参与者们在角色扮演中，亲身体验传统文化的魅力，感受到传统文化的深厚底蕴和美丽特色。他们还可以与其他参与者交流和展示自己的角色扮演成果，增进彼此之间的交流和友谊。

　　通过开展传统文化影视活动，高校图书馆可以让学生更加深入地了解和体验传统文化，激发他们对传统文化的兴趣和热爱。这样的活动不仅有助于传统文化的传承和弘扬，也为学生提供了一个丰富多彩的学习和交流平台，培养了他们的文化素养和创造力。同时，也为高校图书馆打造了一个独特的文化品牌，提高了图书馆在学校文化建设中的地位和影响力。

五、创新传承渠道

在传承传统文化的过程中，高校图书馆应积极创新传承渠道，以适应当代读者的需求和习惯。目前，"90后"和"00后"的读者更倾向于通过移动网络渠道获取信息，因此，高校图书馆可以加大在网络社交媒体平台上的宣传和传播力度，以提升传统文化的传播效果。

首先，高校图书馆可以充分利用各类社交媒体平台，如微信公众号、QQ群等，建立与读者的直接联系。通过在这些平台上发布与传统文化相关的内容，如文化知识、活动信息、讲座视频等，吸引读者的关注和参与。图书馆可以定期推送有关传统文化的文章、照片、视频等内容，通过生动有趣的形式，激发读者对传统文化的兴趣，引导他们深入了解和学习传统文化。其次，高校图书馆可以开展在线文化活动，以提供更多便捷的传统文化学习机会。通过网络直播、在线讲座、线上展览等方式，将传统文化的知识和魅力传递给读者。例如，图书馆可以邀请专家学者在线讲解传统文化的内涵和价值，组织线上传统文化知识竞赛或讨论活动，以互动交流的形式，让读者在网络平台上感受传统文化的魅力，并与其他读者分享学习心得和体验。最后，高校图书馆还可以与学校的学生会等组织合作，在网络平台上共同举办传统文化主题活动。通过合作推出一系列线上活动，如传统文化知识问答、传统手工艺品制作教学、传统文化展示等，鼓励学生积极参与和展示自己对传统文化的理解和创造。这样的合作可以扩大传统文化的影响力，让更多的学生在网络空间中感受传统文化的魅力，并与其他学生一起分享交流，营造传统文化传承的良好氛围。

在传承传统文化的过程中，高校图书馆还可以开展一系列与传统文化相关的线上展览。借助数字化技术，将馆藏的传统文化文物、古籍珍本等数字化展示出来，让读者可以通过网络平台实现远程参观和欣赏。同时，图书馆还可以与相关机构合作，借助虚拟现实技术打造极具真实感的传统文化展览，让读者身临其境地感受传统文化的魅力。

第四章　高校图书馆参与高校校园文化的传承与创新

第一节　高校校园文化相关内容

一、高校校园文化的含义

高校校园文化是一种独特的文化形态，源于人类社会文化，并被赋予了特定的历史背景和功能。它涵盖从理念、价值观、环境、规则到具体的实践活动等多个层面，是教育过程中的重要元素。

首先，需要明白文化的含义。广义上，文化被视为人类在社会实践中所获得的物质和精神的生产能力及其创造的物质和精神财富的总和。狭义上，文化指的是精神生产能力和精神产品，包括自然科学、技术科学等所有的社会意识形态。因此，人类文化就是指人类在长期的社会实践中所创造的精神文明、物质文明的总和。

基于这样的理解，高校校园文化作为一种特殊的文化形态，既包括精神层面，如教育理念、价值追求等，也包括物质层面，如教育环境、设施等。在精神层面，高校校园文化主要体现在学校的教育理念和价值追求上。这些理念和追求基于对教育本质、办学规律和时代特征的深刻认识，指明了高校前进的方向，也塑造了高校的精神面貌。在物质层面，高校校园文化体现在学校的环境、设施、教育资源等方面，它们是高校综合实力的重要标志，也是高校校园文化的物质基础。

从系统论的角度看，高校校园文化是社会文化系统的一部分，它的形成和发展与整个社会文化的积淀、变迁密切相关。同时，高校校园文化也具有自己独特的本质属性，它不仅是教育过程中的重要资源，也是学校教育的背景条件。它以校园为空间，以师生员工为主体，以多学科多领域的广泛交流及特有的交往——教学、科研、生活等各个领域的相互作用为基本形态，形成了具有学校特色的一种组织文化。而高校校园的精神文化在高校校园文化中占据核心地位，它决定了高校校园文化的性质和方向，也决定了高校校园文化的功能。

上述两种高校校园文化的概念，虽然角度不同，但都强调了高校校园文化的以下五个特征。

（一）亚文化

作为一种亚文化，高校校园文化必然以社会大环境为背景，同时受社会主流文化的影响和制约。高校校园文化与社会主流文化保持一致，不仅是时代精神的反映，也是传统与创新、文明与科技的交融。然而，它并不是孤立存在的，而是与其他亚文化，如家庭文化、社区文化、企业文化以及不同学校的校园文化之间形成了互动关系，共同构成了多元化的社会文化景观。

（二）联系紧密

高校校园文化与学校的思想政治教育、德育和科研工作密切相关。它们共同服务于社会主义建设事业，为培养德智体美劳全面发展的合格建设者和可靠接班人的总体目标服务。高校校园文化在教育理念、价值追求、学校环境和教育资源等方面得到了具体展现和实践。

（三）一定的空间界限

高校校园文化不仅限于校园的物理空间，而且它必须植根于校园之中，否则就失去了生存和发展的"土壤"。同时，它不仅仅局限于校园中，特别是在现代信息化社会，网络技术的发展使高校校园文化能够通过各种媒介和渠道走出校园，渗透和辐射到社会的各个方面。

（四）以学校的全体成员为主体

高校校园文化的主体是学校的全体成员，包括学生、教师和职员等。它是学校所有成员共同劳动的成果，是大家共同塑造和维护的文化环境。每一个成员都是文化的创造者、传播者和接受者，他们的行为和观念共同塑造了校园的文化面貌。

（五）动态系统

高校校园文化是一个动态的系统，它由多元的文化元素构成，具有一定的结构和功能。这些文化元素之间相互联系、相互影响，共同构成一个自身完备的有机整体。这个系统具有整体性、关联性、稳定性、开放性和协调性等特征，既保持了自身的连续性和稳定性，又具有适应外部环境变化的灵活性和开放性。

二、高校校园文化的结构

高校校园文化可以从多个视角和基础进行分类，因为每个视角和基础都会导致不同的分类方法。例如，学生、教师、职工和管理者等不同角色的文化；基于软硬件的文化；明显和隐秘的文化现象；空间中的班级、宿舍、社团和食堂等不同空间的文化；政治、科学、道德、艺术和体育等不同活动内容的文化。最基础和普遍的分类方式是依据文化现象的存在形态进行分类，这种方式借用了文化学的研究方法。

作为文化的一部分，高校校园文化同样包括主体性元素（教师、学生和职工等）、客体性元素（客观环境和基础设施）和组织性元素（集体组织，如学生会和社团）。从这个角度看，高校校园文化可以进一步分为物质文化、制度文化（也被称为组织制度文化）和精神文化。其中，精神文化是高校校园文化的内核和精神，物质文化是高校校园文化的基石和外在象征，制度文化是连接精神文化和物质文化的桥梁。

高校校园物质文化是高校校园文化的外在表现形式。它是高校校园文化的关键组成部分，也是高校校园文化的存续和发展的根基。它涵盖了高校校园文化主体过去和现在使用的所有物质对象，以及所有可以通过感官接触的物质性对象。高校校园物质文化的内涵广泛，包括各种教学场所、教学和科研设备、工作和生活设施等（如学校建筑、教学实验设备和办公设施等），都为实现学校的德育、智育、体育、美育和劳动教育目标提供了必要的物质资源。此外，它还包含校园所在的社区环境、地方文化等自然和人文环境。

总的来说，主要包括以下四个方面：一系列高水平和结构合理的课程和学科（专业）；一个善于进行学术研究和教育的教师团队；一套先进且设施齐全的现代教学设备；一支良好、宽松和自由的高校校园文化环境。高校校园文化的形成和发展有其特定的自然和人文环境以及物质基础，而高校校园文化的发展特点通常会直接在不同的物质层面上显现出来。它对学生的社会发展具有重要的教育作用。构建健康、高雅的高校校园物质文化有利于大学生树立正确的世界观、人生观和价值观，帮助他们形成高度的责任感，促进他们社会化的完成，引导他们更快、更好地适应社会。相对于制度文化和精神文化，物质文化更紧密地与物质技术因素联系在一起。

物质文化作为具体化的文化形态和高校校园文化的外在表现，既是学校物质文明建设的基石和成果，又是学校精神文明建设的载体和反映。根据高校校园文化各种形态的内部结构和功能关系可知，物质文化是高校校园文化的基础，是精神文化的载体，是制度文化的保障。在高校校园文化体系中，物质文化是最直观、最具象化的文化形态，在形成和传播校园文化的过程中发挥了至关重要的作用。

高校校园制度文化的形成与制定主体主要分为学校内部和外部两个方面，并表现为国家及其主管教育机关颁布的规章制度、地方政府及其教育主管机关颁布的规章制度以及学校自行制定的规章制度。这些制度体现了党的教育路线、方针政策和国家的教育法规，是学校管理制度的基础和前提。学校各项规章制度具有规范性、强制性和稳定性等特点，对学校教育管理工作的有序发展和实现有效管理起着重要作用。

建立健全校园各项规章制度对于高校校园文化建设具有重要意义。首先，校园规章制度可以通过常规管理建立起正常的高校校园文化活动的规范和秩序。例如，学校可以制定守则和规范，约束师生的行为，倡导良好的校园行为习惯和道德品质。其次，完善的校园规章制度有利于形成优良的校风，培养师生的品德行为。通过规定学校的行为准则和规范，引导师生在思想、言行和行为上遵守高校校园文化的要求，塑造良好的师生形象。此外，校园规章制度也有利于协调各方面的关系，规范师生的行为，提高学校的管理效能。

在高校校园制度文化建设过程中，需要注意以下三点：首先，要根据党和政府的方针政策，结合培养目标的要求，科学地制定和完善学生管理的各项规章制度，形成比较完整的管理体系；其次，要注重制度的系统性、连续性和稳定性，避免频繁变动，确保规章制度的可操作性和实施效果；最后，还要保持规章制度的公开性和透明性，严格执行规章制度，并加强监督，确保规章制度的有效执行和落实。

高校校园文化的内核和最高表现形式是精神文化。精神文化是高校校园文化中的观念形态部分，体现了学校在长期发展过程中所形成的独特气质和价值规范体系。高校校园精神文化包括学校所积淀和具有的校园传统、办学理念、思想信念、价值倾向、精神产品和道德水平等精神财富。高校校园精神文化在校园环境、校园成员的行为，以及校园组织制度等方面得到体现，通过校园主体行为影响着其他高校校园文化的建设。与物质文化相比，精神文化的内容和发挥方式都是精神层面的，而物质文化、制度文化、行为文化等则是人类思想和精神创造的不同表现形式。高校校园精神文化是学校教育的无形资源，起着育人、熏陶和影响的作用，也是学校独特的精神特征和文化历史的积淀。

三、高校校园文化的特征

（一）时代性与创新性

高校校园文化是一个独特的文化现象，它是整体社会文化的一部分，与社会中的其他非高校校园文化密切相关，并受其影响。然而，由于高校师生的特性，其文化特质在许多方面与其他文化形态存在显著区别。这些特质主要源自高校校园的主体特性、文化气质和价值追求。

首要的是，高校校园文化是高校师生的文化，它鲜明地表现出时代性和创新性。这是因为大学生作为其主体，他们的年龄大多数都在 20 岁左右，他们充满了活力和求知欲。青年是社会上最敏感的群体，他们与时代性、探索性、创新性、革新性紧密相连。历史上的新文化运动和"五四运动"都以高校为出发点，这充分证明了高校校园文化的创新性。

深入理解高校校园文化的创新性对准确把握和规范培养高校校园文化有重要的意义。首先，要认识高校校园文化的探索性，不能因为它存在一些不足而予以否定。探索是一个过程，是一个不断自我扬弃、自力更生的过程。高校校园文化的创新性和革新性与探索密切相关。其次，应该理解和把握高校校园文化的时代性。大学生是时代的精英，他们身上往往深深地烙印着时代的痕迹。从高校校园文化中，可以看到时代文化的潮流和趋势。

时代性和创新性要求建立一种能够激励高校校园文化主体——青年学生的积极性和进取心的机制。在某种程度上，高校校园文化更是一种需要鼓励的文化形态。同时，时代性和创新性也要求建立正确的高校校园文化引导机制。大学生往往还不够成熟，对新事物也往往缺乏辨别能力，因此需要建立有效的引导机制，使他们在面对困境时有方向、有坚持。

（二）相对独立性与稳定性

高校校园文化是社会文化的一部分，但它在反映社会变迁时并不与社会同步，有时超前，有时滞后，这为它赋予了相对独立性和稳定性。这种相对独立性和稳定性的根源在于，高校校园作为文化、学术的薪火传递所在，它的文化活动具有明显的学院派色彩。在校园内，教师的教和学生的学都是系统性、深入性的，这构成了高校校园文化的学院性特征。这种特征使高校校园文化经过长期的历史积淀和传承，呈现出与其他高校不同的内在特征，即稳定性。

在高校校园文化中，其相对独立性和稳定性的特征可见一斑。校园媒体（校园网、校报、校园广播）文化、社团文化等，与社会大众文化相比，都展现出了更高的独立性。相较于其他类型的文化，高校校园文化在规范、深刻、完整和系统化等方面都有更高的水平，底蕴更为深厚，传承更为鲜明。独立性和稳定性的特征使社会大众文化的影响力在一定程度上降低。例如，社会上流行的选秀在高校并未引起大的关注。

高校校园文化的相对独立性和稳定性与其反思性密切相连。高校师生是一个特殊的群体，他们有思想、有激情、有个性，对于社会现象持怀疑的态度，因此，他们所塑造的高校校园文化具有明显的反思性。例如，社会上大受欢迎的商业电影和通俗文化读物在高校师生中可能会遭到冷遇甚至批评，而那些严肃的、小众的艺术电影和有深度的学术著作在高校校园却往往拥有自己的观众和读者群。他们愿意理解文化产品的深层内涵，体验诗歌的意境、人性美的光辉，甚至是抽象深奥的哲学思考。

（三）以精神性文化为内在特征

高校校园文化在物质性基础之上，更强调精神性的追求。这种精神性的追求使校园文化呈现出不同于大众社会世俗文化的特性，它更注重精神上的满足感。这种特性的形成，有赖于高校的特殊地位。作为知识的殿堂和人文的汇聚之地，高校汇集了大量的知识分子。这些知识分子是社会正义和公共知识的代表，他们的知识理性和道德良知为高校校园文化赋予了独特的精神品格。从某种意义上说，高校校园文化的高度和指向代表了一个社会的精神高度和发展趋势。

在历史的进程中，大学和社会的关系是密切的。例如，俄国的近代化进程与罗蒙诺索夫创办的莫斯科大学紧密相连，中国的新文化运动与蔡元培治校时的北京大学密不可分。在当今建设中国特色社会主义先进文化的过程中，中国高校校园文化仍然肩负重大的历史使命，它应该在这个过程中发挥更重要的作用。

尽管高校校园文化具有独特的特色，但并不是封闭的、固定的，而是开放的、发展的。高校作为社会的一个元素，不能脱离社会独立存在。因此，高校校园文化的特色和形式从本质上来说都是社会需求的具体体现。没有"五四运动"前后的社会背景和时代思潮的冲洗，北京大学的校园文化特色也不可能形成。因此，在高校校园文化建设过程中，高校应积极从社会文化、世界文化中汲取新的、健康的、活力充沛的文化元素，结合自身的传统和现实发展，形成独特而不断进步的高校校园文化。

四、高校校园文化的功能

（一）引导学生成长方向

在高校校园文化中，可以看到多样性与包容性的强烈体现。高校是思想的乐园、精神的故乡，是激励学生思考、启发灵感、实践创新的沃土。作为学生的主要接受者和创造者，高校校园文化为学生提供了广阔的思想交流空间，给予了学生自由选择的权利。在社会主义市场经济的深入发展中，大学生们的思维方式日益独立，选择性强、多变且差异性大，他们的价值观念也在不断变化，这一切都深深地影响着高校校园文化的发展。

高校校园文化的引导作用可以通过三个基本要素——校园环境、教师和大学生的角色来明确。校园环境不仅包括物质设施和校规校制，还包括网络虚拟的校园环境，如校园网等，它们共同构建了一个适宜学习和成长的环境。教师是学术知识和专业技能的传播者，他们的优良教风对学生的思想观念和学术态度有着深远影响。大学生是学习的主体，他们通过接受教育，实践创新，塑造和传承高校校园文化。

引导学生成长的方向并非简单的指点，而是通过营造积极向上、开放包容的校园文化氛围，激发学生的求知欲，锻炼他们的思考能力，引导他们自我发现和自我教育。同时，教师的引导也是至关重要的，他们通过优质的教学和科研活动，传播科学知识，培养学生的科学精神，努力使他们树立科学、正确、健康的价值观。而大学生也应积极参与校园文化的创建和传承，通过实践活动，培养自己的组织能力、团队合作精神和创新思维。

在引导学生成长的方向上，更要注重培养学生的全面素质，而不仅仅是知识技能。这包括他们的思想品德、人文素养、社会责任感以及自我认知和自我价值实现的能力。这样，学生在未来的生活和工作中，不仅能够应对各种挑战，更能够积极参与社会的发展，成为社会发展的积极推动者。

（二）培养全面发展的高素质人才

在高校校园文化的发展过程中，人是最终的归宿。无论高校校园文化多么丰富多彩，其功能的实现最终都要服务于人的发展，提升学生的综合素质。人与校园文化的关系是双向互动的，没有高校人的积极接受和参与，校园文化的育人功能将无法得以实现。因此，加强文化素质教育，提高大学生的文化敏感性和人文素养，成为我国教育界的重要任务。

高校校园文化在文化素质教育中扮演了重要角色。它首先强调的是能够推动或有利于大学生全面发展的素质教育，这种教育与知识密切相关，但并不以掌握知识技能为最终目标，而是以促进学生的全面发展为主旨。通过全面的知识涵养，可以促进学生的个性成长和发展，促使学生以全面的视野和开阔的思维去面对生活和工作中的挑战。在这个过程中，知识并不是目的，而是服务于人发展的工具。

著名科学家钱学森的经历就是一个典型的例子。他在接受理科教育的同时，也接受了艺术教育，他认为艺术修养对他后来的科学工作有很大的影响，开拓了他的科学创新思维。这就是文化素质教育的力量，它不仅能提高学生的知识水平，还能培养学生的创新思维和人文精神。

我国大学生的文化素质教育，强调文史哲的基本知识和艺术修养的重要性，也注重对文科学生加强自然科学教育，让文化素质教育渗透于专业教育中，注重实践性，将知识、能力和素质融为一体。这样，高校校园文化就能有效地发挥其"桥梁"作用，使文化的育人功能得到充分的发挥，为社会培养出全面发展的高素质人才。

高校校园文化在育人方面的功能确实至关重要，而且它在高校校园文化建设的其他方面也有着独特的价值和意义。从物质和精神的结合角度来看，高校校园文化不仅注重精神文化的培养，也强调校园环境文化的规划和建设，以及校园行为文化的引领。不仅注重建设像"大楼"的物质文化，也强调提升像"大师""大家"的精神风貌，更注重培养像"大气""大爱"的行为文化。总体上，高校校园文化建设需设计好总体规划，详细谋划具体项目，并重视培养参与其中的团队。

从高校校园文化与社会文化的关系角度来看，高校校园文化的功能应该更为广泛。例如，高校校园文化建设既要传承并发扬民族文化，也需要选择、规范并整合时代文化，更要倡导、发展并推动创新文化。这些工作的凝聚、传承、选择、规范和创新，都必须在社会主义核心价值体系的引领和指导下进行。只有在此框架下，高校校园文化才能有效地履行其社会职责，为建设全面建成小康社会、推动中华民族伟大复兴进程作出积极的贡献。

第二节　高校图书馆参与高校校园文化建设的优势与意义

一、高校图书馆参与高校校园文化建设的优势

在现代社会，高校图书馆被视为一个开放的知识平台，它不仅是学术研究的基地，也是高校校园文化建设的重要组成部分。它具备丰富的文献资源、优雅的环境，以及专业素质高的图书馆馆员等优点，因此能够为高校校园文化活动提供良好的活动场所和育人环境。

（一）高校图书馆的文献资源在教育人方面的优势

高校图书馆是先进文化传播和活动的重要场所，是社会主义精神文明建设

的重要阵地。图书馆的文献资源不仅丰富多样，而且具有很高的学术价值，囊括了自然科学、社会科学、人文科学等各个领域的知识。这些资源有助于学生树立正确的人生观，培养他们的道德素质和思想政治觉悟。同时，通过提供各种不同的读物，图书馆可以满足学生的多元化阅读需求，激发他们对知识的热爱，从而提高他们的自主学习能力和创新思维能力。

（二）高校图书馆的环境在培养人方面的优势

高校图书馆提供了优雅的环境，这也是对学生的一种无形的教育。图书馆的设计旨在创造一个安静、舒适、独特的学习空间，这种空间可以让学生集中精神投入学习。同时，图书馆内的环境也倾向于反映出高校的精神文化底蕴，通过展示名人字画及以排列整齐的书架等，体现出尊重知识、追求真理的高校校园文化气息。学生在这样的环境中，无论是学术研究，还是个人阅读，都能感受文化的熏陶，从而塑造自己的人格特征和价值观。

（三）高校图书馆的服务在塑造人方面的优势

高校图书馆的服务也是对学生产生重要的影响因素。图书馆馆员是图书馆的"灵魂"，他们通过提供热情周到的服务，使学生在图书馆内感受到尊严和被尊重。他们通过教导学生如何使用图书馆资源，以及如何进行有效的学术研究，帮助学生提高信息素养。

1.培养独立学习能力

图书馆通常会举办各种研讨和培训课程，教授学生如何检索和使用图书馆的各种资源，包括电子数据库、在线期刊、电子图书等。这种指导帮助学生学会自我学习，提高他们的独立学习能力。

2.发展批判性思维

图书馆服务也帮助学生发展批判性思维。在信息检索和学术研究过程中，学生需要对信息进行筛选和评价，学会区分事实和观点，这都需要学生具备较强的批判性思维能力。

3.塑造良好的学术道德

图书馆服务还强调学术诚信和尊重知识产权。学生在使用图书馆资源时，必须遵守版权法，这有助于他们塑造良好的学术道德品质。

4.促进文化和社区参与

许多图书馆会举办文化活动和讲座，这些活动使学生有机会参与高校校园文化和社区活动中，提高他们的公民素养。

二、高校图书馆参与高校校园文化建设的意义

（一）丰富和拓展了高校校园文化理论

高校图书馆作为知识和信息的重要载体，其蕴含丰富的文化元素。例如，高校图书馆的藏书包括各个学科的精华，是知识的积累和历史的见证。这种知识的丰富性和多元性，正是高校校园文化的重要特质之一。高校图书馆也发挥着学术交流的功能，馆内的阅览室、讨论室，都是学术研究和交流的重要场所。这种学术交流的氛围，也是高校校园文化中不可或缺的一部分。此外，高校图书馆还具有推动知识创新的功能。例如，高校图书馆通过定期举办讲座、研讨会等活动，引导和推动学生进行创新性的研究。这种对于创新的追求和支持，是校园文化的重要精神内涵，也丰富和拓展了高校校园文化理论。

（二）探索了高校校园文化建设理论

随着社会科技的进步，高校图书馆的功能正在发生深刻的变化。一方面，高校图书馆的服务已经从传统的书籍借阅扩展到电子资源的提供，从简单的知识传播变为了信息技能的教育。这种变化反映了当代社会对于知识和信息的需求的变化，也展现了图书馆在满足这种需求上的努力。另一方面，高校图书馆的空间也正在发生变化，如空间布局更加开放、自由，更加注重个体的舒适和体验。这种变化不仅满足了现代大学生对于学习空间的需求，也更好地体现了高校校园文化的包容性和人文关怀。这些变化的背后，是对于校园文化建设理论的深入理解和探索。

以某高校为例，该校图书馆在提供传统服务的同时，还开设了多元化的文化活动。该图书馆定期举办学术讲座，引导和推动学生进行创新性研究；该图书馆也举办了读书会、写作工作坊等活动，培养学生的阅读和写作能力，提升他们的文化素养；此外，该图书馆还设立了创客空间，为学生提供3D打印、编程等服务，满足他们的科技创新需求。这些活动不仅丰富了大学生的校园生活，也展现了高校校园文化的多元性和创新性。

（三）传播了高校校园文化

高校图书馆是高校校园文化的重要载体和传播者，其传播的形式可以分为有形传播和无形传播。

有形传播主要表现在高校图书馆以其丰富的文献资源和各种文化活动中，传播了学校的核心价值观和学术精神。例如，高校图书馆会定期举办各类展览活动，如新书推荐展、历史文献展览、艺术作品展等，通过这些具体可见的形式，展示和传播学校的学术成果和文化特色。这些活动既丰富了大学生的校园生活，也使高校校园文化得到了更广泛的传播。

无形传播则体现在高校图书馆的学术氛围和服务理念中。高校图书馆以其开放、自由、公正的服务理念，营造了一个有利于学习、交流和创新的环境，这种无形的文化氛围，无形中影响了大学生的价值观和行为模式，对高校校园文化的传播产生了深远的影响。

（四）改善了高校校园文化环境

高校图书馆是学校学术气氛的重要载体，它的存在和发展对于高校校园文化环境的改善起到了关键作用。

首先，高校图书馆提供了一个宁静而有深度的学习空间，它的宁静和庄重给予了大学生独立思考和深度学习的空间，营造出了独特的学术气氛，这对于高校校园文化环境的改善有着重要的影响。其次，高校图书馆也通过各种服务和设施的优化，提升了学习环境的舒适性。例如，开放式的书架、舒适的阅览座位、便捷的自助服务设备等，都为大学生提供了舒适、便捷的学习环境，进一步提升了高校校园文化环境的品质。高校图书馆还通过举办各种活动，如主题讲座、文化节、新书发布会等，丰富了大学生的校园文化生活，活跃了高校校园文化氛围，对于营造繁荣、活跃、开放的高校校园文化环境起到了重要的推动作用。

（五）推动了高校校园文化向更加开放、包容和创新的方向发展

近年来，高校图书馆的角色正在经历深刻的转变。从单一的知识仓库，转变为多元化的学习空间、研究中心和文化交流场所。这一转变不仅改变了高校图书馆的功能定位，也对高校校园文化发展理论产生了深远的影响。

这一角色转变使高校校园文化更加开放、包容和创新。以往图书馆被视

为一个静态的空间，现在却变成了一个动态的、活跃的学习和交流场所。高校图书馆不仅提供了安静的自习环境，也提供了适合小组讨论、研讨会等交流活动的空间。这样的转变，使高校图书馆成了师生交流思想、分享知识、进行合作学习的场所，对于形成具有包容性、创新性和持续性的高校校园文化，有着重要的理论意义。例如，许多高校图书馆都开始设立创新空间或者学习共享空间，提供各种硬件设施和软件资源，以支持学生的项目学习、科研活动和创新创业。这种新型的学习空间，打破了传统的教学模式，鼓励学生自主学习、主动探索，提高了学生的学习积极性和创新能力。这种以学生为中心的学习模式，对传统的高校校园文化理论提出了挑战，推动其向更加开放、包容和创新的方向发展。

（六）提高了大学生的综合素质

高校图书馆通过各种形式的学术活动，如主题讲座、学术研讨等，帮助大学生深化学术理解，提高学术素养。同时，高校图书馆也通过文化活动，如阅读促进活动、文化展示等，传播人文精神，提升大学生的人文素养，为高校校园文化建设作出重要的贡献。在信息素养教育方面，高校图书馆通过开设信息素养课程，教导学生如何有效地检索、评估和使用信息，帮助他们建立正确的信息观念，提高信息处理能力。在研究支持服务方面，高校图书馆提供课题咨询、数据服务等支持，帮助大学生提升研究能力，培养他们的独立思考能力和解决问题的能力。高校图书馆还积极开展各种创新创业活动，如创新训练、项目竞赛等，鼓励大学生实践自己的创新想法，锻炼他们的创新思维和合作精神。这些活动不仅增强了大学生的创新能力，也使他们在实践中学到了合作、沟通、解决问题等重要的社会技能，全面提高了他们的综合素质。

通过理论和实践的结合，高校图书馆在高校校园文化建设中的重要作用和深远影响得以充分展现。它是推动高校文化建设、提升高校文化品质的重要力量，也是高校培养人才、服务社会、推动科技进步的重要基地。在未来，高校图书馆将在高校校园文化建设中发挥更大的作用，为高校校园文化的繁荣和发展做出更大的贡献。

第三节　高校图书馆参与高校校园文化建设的策略

以现代化的眼光建设高校图书馆，对图书馆服务进行创新，全面提升图书馆服务，推动高校校园文化建设，发挥图书馆在校园文化建设中应有的作用，是现阶段高校图书馆工作的重中之重。

一、加大资金投入，提升设备品质

加大资金投入，提升设备品质对于高校图书馆来说是提升服务质量，进一步推动高校校园文化建设的关键因素。

首先，资金的增加有利于硬件设施的更新和改善。现代图书馆不仅仅是图书和文献的储存地，更应该成为学习、探索、创新的场所。为了实现这一目标，图书馆需要有足够的资金购买新的硬件设备，如先进的电脑和打印机、专业的图书扫描设备以及各种支持多媒体学习的设备。这些设备不仅可以提高图书馆的服务能力，也可以满足现代大学生的多元化学习需求。其次，资金的增加还可以改善图书馆的环境。大学生在图书馆学习，除了需要有好的设备外，还需要有一个舒适的环境。这就需要在图书馆内部做好布局设计，如配置舒适的座椅和桌子、提供充足的自然光和良好的人工照明以及合理的噪声控制；也可以考虑建设一些特色空间，如安静的独立学习室、设备齐全的多媒体学习区和互动式的合作学习区。此外，资金投入的加大也意味着可以在图书和文献的采购上做出更大的投入。优质的图书和文献资源是图书馆的生命线，是满足大学生学术需求的基础。因此，图书馆应当尽可能地增加各个学科领域的图书和文献的数量，也要关注图书和文献的质量，应选取在学术界有影响力的、前沿的、紧跟时代发展的书目。

投入更多的资金可以让图书馆引入最新的科技，如 AR 技术。技术可以更加生动、立体地展示馆藏的资料、文献、数据、信息，使大学生在查询、学习过程中获得更深入的理解。当然，仅有资金的投入是不够的，还需要合理的管理和使用资金。这就要求图书馆有一支专业的团队，他们需要了解大学生的需求，了解图书馆服务的最新趋势，以便更好地使用这些资金，使其发挥最大的效益。

二、利用资源优势，提升文化内涵

对于高校图书馆而言，利用其资源优势提升文化内涵，是其在高校校园文化建设中的重要使命。这一使命需要图书馆以其独有的信息资源和服务方式，举办和营造出引领学校文化、滋养学校精神、体现学校价值观的文化活动和环境。

首先，高校图书馆的信息资源优势，主要表现在其广泛、深入、独特的图书和电子资源上。这些资源包含人类知识的精髓，包含不同领域、不同学科的最新研究和发展动态。它们为图书馆提供了在文化建设中发挥作用的坚实基础。图书馆可以通过各种方式，如展览、讲座、研讨会等，向校园社区展示这些资源，引发师生们的思考和探索，提升高校校园文化的深度和广度。

其次，加强馆藏建设，突出本馆藏书特色也是提升文化内涵的路径之一。明确本馆馆藏特色是加强馆藏建设的第一步。要充分理解高校图书馆在高校校园文化中的定位，以及高校图书馆所服务的读者群体的需求，这涉及高校图书馆服务的目标、本校的发展目标、专业特点、课程设置等多个方面。这样，高校图书馆在进行馆藏建设时就能更有针对性地收集和购买书籍。例如，根据师范类院校的特点，高校图书馆可以增加大量有关教育教学的资源信息，满足学科专业化的要求。具体的馆藏建设策略是第二步，这里需要加强三个方面的建设。一是加强古籍和地方文献的收藏。这些馆藏不仅具有文化价值，也具有独特的教育价值，有助于高校校园文化的传承和发展。同时，这些馆藏也是高校图书馆的独特特色，能吸引更多的读者。二是关注新兴领域和热点话题。随着学术界和社会的发展，新的学术领域和社会热点不断出现。高校图书馆应及时关注这些领域和话题，尽快补充相关的图书和资料。三是搭建电子资源平台。随着科技的发展，电子图书和网络资源日益丰富，高校图书馆应积极引入这些资源，使读者可以方便地获取和使用这些资源。持续关注和评估馆藏的使用情况是第三步也是最重要的一步。通过定期的馆藏使用统计和读者调查，高校图书馆可以了解到哪些馆藏被频繁使用，哪些馆藏使用率低，从而可以及时调整馆藏策略，确保馆藏始终满足读者的需求。此外，高校图书馆还可以通过举办图书展览、讲座等活动，积极推广本馆的馆藏特色，提高读者对图书馆馆藏的了解和利用。

最后，高校图书馆的文化活动，是提升文化内涵、促进高校校园文化建设的重要手段。例如，高校图书馆可以通过举办主题文化活动，如图书文化节、校园读书日等，引导师生参与其中，体验和感悟学校的文化。这些活动既可以让师生深入接触图书馆的资源，也可以让他们感受图书馆的文化氛围，从而进一步理解和接纳学校的文化。

三、增强服务意识，开拓服务内容

高校图书馆在提供信息服务的同时，也需要在服务内容和服务模式上进行不断创新和开拓。在今天的信息社会，大学生需要的不仅仅是传统的借书阅读服务，更需要图书馆提供一系列与学习、研究、生活息息相关的服务，以满足他们的多元化需求。

（一）图书馆需要提供更为丰富和多元的学习资源服务

这不仅包括传统的纸质图书、期刊，也包括电子书、数据库、学术视频、多媒体资源等。这些资源可以帮助大学生获取最新的学术资讯，了解学术研究的最新动态，提高自我学习和研究的能力。为了让大学生更好地利用这些资源，图书馆也可以提供一系列的培训服务，如信息检索培训、学术论文写作培训、研究方法培训等。

（二）图书馆可以通过提供个性化服务，满足大学生的特殊需求

例如，图书馆可以为大学生提供个性化的信息检索服务，帮助他们找到自己需要的资料和信息。图书馆也可以根据大学生的专业和研究方向，提供专业咨询服务，帮助他们解决在学术研究中遇到的问题。此外，图书馆还可以为大学生提供空间服务，如创客空间、研讨室、静心阅读区等，满足他们在学习、研究、交流、休息等多方面的需求。

（三）图书馆还可以与学校的其他部门和组织进行合作

高校图书馆可以通过与学校的其他部门和组织合作，共同提供一系列的活动和服务，以促进大学生的全面发展。例如，图书馆可以与学生会、社团等学

生组织合作，共同举办各种文化活动，如读书会、讲座、研讨会、文化节等。图书馆也可以与学校的创新创业中心、就业指导中心等部门合作，提供一系列的创新创业服务，如 3D 打印、创业路演、创业实训等。

四、加强人员管理，引进专业人才

在图书馆工作的环境中，高效的人员管理以及专业人才的引进不仅有助于提高服务质量，也对推动高校校园文化建设有着重要影响。下面将详细论述如何通过加强人员管理，引进专业人才，为高校图书馆的发展注入新的活力。

高校图书馆需要建立一套科学合理的工作管理制度，以便规范图书馆工作人员的行为。该制度应详细规定工作人员的职责、职权和义务，以及工作人员在日常工作中应遵守的行为准则。制度的制定不仅需要根据图书馆的工作性质和要求，还需要考虑每一位工作人员的具体情况和需求，以确保制度的公正和合理。

高校图书馆需要设立奖惩制度，激励工作人员提高工作效率和服务质量。奖励制度可以激发工作人员的工作热情和积极性，提高他们的工作满意度和工作效果。惩罚制度则可以约束工作人员的行为，减少工作失误和服务问题。通过奖惩制度，图书馆可以更好地管理工作人员，提高他们的工作素质和服务水平。

除此以外，高校图书馆还需要注重专业人才引进和培养。一方面，图书馆需要引进图书管理学领域的专业人才，他们不仅能提供专业的服务，也能将最新的知识和技术引入图书馆的工作中；另一方面，图书馆需要定期对工作人员进行培训，增强他们的专业技能和服务意识。这样不仅可以提升工作人员的职业素养，也可以提高他们的工作满意度和忠诚度。

在图书馆的实际工作中，管理人员也应注重提升工作人员的职业道德和文化素养。他们应以积极、热情、温和的态度提供服务，同时，也应通过学习和实践，不断提高自身的专业修养和服务水平。通过这样的努力，图书馆工作人员可以更好地满足读者的需求，传播高校的校园文化，推动校园文化建设。

第五章　高校图书馆弘扬阅读文化的传承与创新

第一节　高校图书馆阅读文化

一、高校图书馆阅读文化的概念

在对阅读文化的研究中，学术界关注到图书馆这一传播媒介。阅读文化总是依附于一定的社会背景之下，由特定阅读主体的阅读行为所构成。图书馆是高校的文献信息资源中心，是广大师生学习和科研的主要及重要阵地。

图书馆阅读文化就是图书馆通过为读者提供服务，令读者接受更多的知识，从而提高自身文化水平和技能。

基于对阅读文化与图书馆阅读文化的认识，高校图书馆阅读文化应该是在大学校园图书馆这一生态环境下，由高校师生员工在长期的教学、科研、工作和学习过程中，以及在图书馆阅读中共同创造和形成的阅读观念、阅读价值、阅读环境等精神财富以及承载这些精神财富的阅读制度、阅读方式及行为习惯和物质形态。高校图书馆阅读文化的内容应包括以下三个方面。

（一）高校图书馆的阅读文化表现在其物质形态上

包括图书馆的建筑设计、馆藏资源、阅读环境以及阅读制度和规范。图书馆的建筑设计通常旨在提供一个舒适、宁静的学习空间，有利于师生进行深入的学术研究和学习。图书馆的馆藏资源反映了其在知识传播和文化建设方面的功能，而阅读环境和阅读制度则为师生提供了一个有序、高效的阅读空间。

（二）高校图书馆的阅读文化包括阅读价值观念和理论

这些价值观念和理论是学校成员，包括图书馆馆员所共享的。它们对于养成积极健康的阅读习惯、培养批判性思维能力以及提升文化素养等起着至关重要的作用。

（三）高校图书馆的阅读文化体现在其举办的各种文化活动中

举办文化活动，如讲座、讨论会等，旨在推动师生对知识的探索，增强他们对各种学术问题的理解和洞察，从而提升他们的学术素养和专业能力。

高校图书馆的阅读文化建设就是高校师生在图书馆的长期历史发展中为维护图书馆阅读文化的形成、健康持久地发展所共同创造的文化成果，并加以传承和创造，以营造良好的阅读氛围，提高阅读效果，促进高校图书馆阅读和国民阅读事业发展所采取的一系列措施和行为等。

二、高校图书馆阅读文化的种类

（一）阅读精神文化

阅读精神文化是阅读文化的内核，它是由个体的阅读需求、观念、价值取向、习惯和技能等构成的，这些元素共同塑造了阅读的精神内涵。福楼拜曾说过，阅读是为了活着。这是因为阅读不仅可以满足人们获取知识的需求，还可以充实他们的精神世界，使生活变得更加丰富多彩。阅读的价值取向决定了阅读的目标和方向，而阅读习惯和技能则影响了阅读的过程和效果。在具体的阅读实践中，宗教信仰、道德价值、民族精神等社会文化因素会对阅读活动产生深远的影响，反过来，阅读活动也会对个人的品格意志、道德情操、社会生活、价值观念产生积极的影响。因此，阅读精神文化是构建和谐社会的重要基础。

（二）阅读物质文化

阅读物质文化是阅读文化的外在表现，它是由社会经济、高校图书馆、社区与家庭、出版业、教育等各种物质因素构成的。首先，社会经济条件是阅读活动发生和发展的基础，只有在一定的经济条件下，人们才能得以接触和获取阅读资源，从而享受阅读的快乐。高校图书馆作为知识和信息的宝库，它提供了丰富的阅读资源，为阅读活动提供了必要的空间。社区与家庭则是阅读活动的重要场所，特别是家庭，其阅读环境和氛围对个体的阅读兴趣和阅读习惯的形成有着深远影响。出版业的发展决定了阅读的内容和规模。而教育，特别是阅读教育，则对阅读活动的普及和提升起到关键的作用。这些物质因素相互交织、相互影响，共同构建了阅读物质文化，为阅读文化的产生和发展提供了必要的支撑。

（三）阅读制度文化

阅读制度文化是阅读文化的中间层，它是由与阅读相关的制度、规定、政策等构成的，这些因素可以塑造阅读环境，引导阅读行为，从而影响阅读文化的形成和发展。在阅读制度文化中，群体意识、政治制度、社会阶段等社会因素起到关键的作用。

首先，群体意识对阅读制度文化有着深远的影响。群体意识反映了一个群体对阅读的态度、价值观和期望，它可以塑造群体的阅读行为，影响阅读习惯的养成。例如，在 20 世纪的 50 到 70 年代，以阶级斗争为纲的、极"左"的政治意识弥漫在中国社会及文化生活的角角落落，这种群体意识严重影响了读者的阅读心理、阅读客体的选择，造成了阅读审美的政治化，阅读选择的单一化。其次，政治制度也会对阅读制度文化产生深远影响。不同的政治制度制定不同的阅读政策，这些政策会影响阅读的自由度，形塑阅读环境，限制或扩大阅读内容的选择范围。例如，在历史上，各朝各代的禁书运动对当时社会阅读的影响，集中体现为阅读内容的限制性、趋同化的阅读形式。而在民主政治中，政府通常会制定鼓励阅读的文化政策，以保障社会阅读的发展。例如全世界读书人的节日——"世界阅读日"，就是为了推进全民阅读，促进知识获取的蓬勃发展。最后，社会阶段也是影响阅读制度文化的重要因素。不同的社会阶段，人们的生活条件、教育水平、文化需求等都会有所不同，这些因素将会影响阅读制度的制定和实施，从而影响阅读环境的形成和阅读习惯的培养。

三、高校图书馆阅读文化的特点

（一）阅读主体为高校图书馆全体读者

高校图书馆作为学校的知识中心和学术支持机构，其阅读文化的建设必须充分考虑阅读主体，包括教师、大学生和学校领导。这三个主体在高校校园阅读文化中各自扮演着重要的角色，共同促进着阅读文化的形成与发展。

教师是高校图书馆阅读文化建设的直接参与者和引导者。教师的阅读对于大学生的阅读产生关键性的影响。教师的阅读不仅是大学生读书的前提，也是教学的基础。通过广泛的阅读，教师能够拓展自己的知识领域，丰富教学内容，给教学活动注入活力。教师的阅读方法和经验对大学生的阅读习惯以及阅读兴趣 的形成的影响是深远的。因此，教师的阅读需要得到学校的支持和鼓励，并在教学实践中加以运用，以提高教学质量和大学生的阅读能力。

大学生是高校图书馆阅读文化的主体，也是高校图书馆阅读文化的最终受益者。大学生的阅读参与和阅读兴趣是高校图书馆阅读文化建设的关键。每个大学生都应该积极参与阅读活动，将阅读作为一种习惯和生活方式。通过阅读，大学生能够扩展知识面，培养批判思维和创造力，提升综合素质。高校图书馆阅读文化应该关注大学生的阅读需求和阅读兴趣，提供丰富多样的阅读资源和活动，激发大学生的阅读热情。

学校领导在高校图书馆阅读文化建设中起着至关重要的作用。学校领导是决定性力量，对于阅读文化的推动和落实产生关键性影响。学校领导需要具备先进的办学理念和良好的阅读习惯，以身作则，成为全校师生员工的表率。只有学校领导在阅读活动中率先垂范、积极参与，才能引领师生员工的阅读行为，营造出良好的校园阅读文化氛围。

大学图书馆作为学校阅读资源的核心和阅读文化的重要载体，承担着为全体读者提供丰富资源和专业服务的使命。图书馆的阅读文化建设应当以读者为中心，满足不同读者群体的阅读需求。通过组织各类阅读推广活动、开展读书讲座和学术交流会，图书馆能够激发读者的阅读兴趣，提升他们的阅读能力和信息素养。图书馆还应该不断完善自身的服务体系，提供舒适的阅读环境和便捷的资源获取途径，使读者能够愉快地进行阅读和学习。

（二）阅读内容广泛、包容

阅读内容是高校图书馆阅读文化的重要组成部分。随着阅读客体、阅读手段的多元化，阅读内容已突破了传统的框框，变得极为广泛。范围已经不仅仅局限于文学作品，还扩展到各种体裁的读物；不仅仅局限于图书，也包括各种报刊；不仅仅局限于文本作品，甚至包括声像读物和网络作品。

1. 根据文体划分阅读内容

从文体看，阅读内容包括文学作品和非文学作品以及人文科学和自然科学。文学作品是用艺术化的手法来表达感情、反映社会生活的文体。它们具有深刻的思想、典型的形象、浓厚的审美情趣和丰富的感情世界。文学作品主要包括小说、诗歌、散文、戏曲和影视文学等。阅读文学作品对大学生的阅读文化建设至关重要。通过阅读文学作品，可以培养大学生人文精神，提高审美情趣，丰富思想内涵，加深对人性、社会和文化的理解。文学作品引领读者进入丰富多彩的想象世界，激发其创造力和思辨能力，拓宽其视野，提升其人文素养。非文学作品是真实客观地反映事物、表达主观情感、提高社会交际和组成篇章语段的书面语言，主要包括议论文、记叙文、说明文和各种应用文等。阅读非文学作品有助于提高大学生的社会交往能力，增强他们的沟通交流能力。非文学作品展示了世界的多样性和复杂性，可以帮助读者更好地理解社会、掌握实际应用语言，并培养批判性思维和逻辑思维能力。

2. 根据分科划分阅读内容

从分科看阅读内容，高校图书馆阅读文化应涵盖人文科学和自然科学。人文科学读物涉及哲学、政治经济学、逻辑学、美学、伦理学、心理学、文化学、教育学等各个领域。人文科学读物能够开阔大学生视野，拓宽他们的知识面，培养他们的人文素养和科学精神。通过阅读人文科学读物，大学生可以深入思考人类社会的发展、价值观念的形成和文化的演变，培养批判性思维和综合分析能力。自然科学是研究自然界各种物质和现象的科学，包括数学、物理学、生物学、化学、天文学、地质学、气象学等基础科学和新兴科学。自然科学读物主要反映这些领域的知识。自然科学读物对大学生获取自然科学知识、培养科学素养具有重要作用。通过阅读自然科学读物，大学生可以深入了解自然界的规律和科学的发展动态，培养科学思维和实证研究能力。

在高校图书馆阅读文化建设中，应注重平衡文学作品和非文学作品，以及人文科学读物和自然科学读物的阅读内容。这样的综合阅读能够培养大学生的全面素养，提高他们的综合能力和创新能力。大学图书馆作为阅读资源的提供者，应提供丰富多样的图书和文献，满足不同领域、不同兴趣的读者的需求。同时，学校应推动阅读文化的融入课程和教学活动，培养大学生的阅读兴趣和阅读能力，将阅读文化贯穿于整个学校教育体系中。只有通过多元化的阅读内容，才能真正构建富有深度和广度的高校图书馆阅读文化。

3.根据符号划分阅读内容

从符号的角度，阅读内容分为文字和图画。文字是阅读的主要符号形式，高校校园阅读主要涉及文字读物。文字阅读对于培养大学生的逻辑思维能力至关重要。通过文字阅读，高校图书馆阅读文化可以调动大学生的阅读兴趣，提高他们的阅读能力。文字读物包括各类出版物，如报刊、书籍等。这些文字读物提供了丰富的知识和信息资源，为大学生广泛获取知识和拓宽视野提供了重要渠道。图画是非主体符号，是艺术家用来传达信息、表达情感的重要工具。图画具有直观性和隐含性的特点，通过阅读图画，可以激发大学生的想象力，提高他们的形象思维水平。图画作为一种视觉符号，能够呈现丰富多样的内容和情感，为大学生提供多元化的阅读体验。图画读物不仅包括艺术作品，还包括插图、漫画等形式。通过阅读图画，可以培养大学生审美情趣，拓宽艺术视野，感受艺术的魅力。阅读内容的载体可以分为无声读物和有声读物。无声读物是将文字和图画等信息固化于无声的物质材料中的读物，主要包括印刷在纸张上的各类出版物。无声读物是高校图书馆阅读的主要形式，如报刊、书籍等。这些无声读物提供了大量的知识和信息，让大学生在阅读中获得新的见解和启发。有声读物是将信息保存在能发声的物质材料上的读物。有声读物结合了视觉和听觉，将文字与录音相结合，读者在阅读文字的同时聆听录音。有声读物能够同时调动大学生的多种感官，培养他们的多元感知能力和听觉理解能力。有声读物在高校图书馆阅读中起到了丰富阅读体验的作用，可以提升大学生的阅读兴趣和理解能力。高校图书馆阅读内容十分广泛，在阅读的过程中要注意把握好尺度，既要全面阅读，又要有重点和有针对性地阅读；既要强调传统的阅读内容，又要关注随时代发展而出现的新内容的阅读。

（三）阅读形式和方法灵活多样

高校图书馆阅读文化的内容包括文字和图画两种符号形式。文字读物是主要的阅读对象，如报刊、书籍等，它们通过书面语言传达信息和知识。文字阅读对大学生的逻辑思维能力培养至关重要，通过阅读文字，可以调动大学生的阅读兴趣，提高其阅读能力。图画作为非主体符号，通过视觉的方式表达信息和情感，具有直观性和隐含性的特点。图画阅读培养大学生的想象力和形象思维，为大学生提供多样化的阅读体验。

　　高校图书馆阅读文化的阅读形式多样化。课堂阅读是为大学生开设的阅读课，通过大学生之间的交流和自主阅读，培养大学生的阅读习惯，提高大学生的阅读能力。课外阅读是指大学生在课堂之外自主选择阅读对象的阅读活动，既包括校内阅读，也包括与社区阅读和家庭阅读的结合。多样化的阅读形式丰富了高校图书馆阅读文化，激发了大学生的阅读兴趣。

　　在阅读过程中，灵活运用不同的阅读方法也十分重要。除了精读、略读、朗读、默读、速读、猜读等基本阅读方法外，培养大学生的读思、读记、读写能力同样重要。这些能力的培养可以提高大学生的阅读效率和深度。高校图书馆阅读文化的建设需要关注校园技术形态和物质形态、阅读价值观念及理论、阅读文化活动三个方面。通过充分重视这些方面的工作，可以全面推动高校图书馆阅读文化的发展。

第二节　高校图书馆弘扬阅读文化的优势与意义

一、高校图书馆弘扬阅读文化的优势

（一）馆藏资源优势

　　高校图书馆作为"知识宝库"，收藏了包括艺术、哲学、法律、经济、文学等多个学科领域的信息资源。其馆藏资源种类齐全，涵盖古今中外的文化发展成果。馆藏资源包括纸质书刊、电子书刊、音像视频资料、网络信息资源等多种载体类型。丰富的馆藏资源优势既能满足读者对普及阅读、网络阅读的需求，也能满足他们在专业阅读、兴趣阅读等方面的不同需求。此外，高校图书馆的馆藏资源具有明确的教育导向，坚决杜绝不利于大学生身心健康的信息资源。馆藏资源的丰富性和高质量，为读者营造了浓厚的阅读氛围，有效地推动了阅读文化的形成。

（二）技术设备优势

近年来，高校图书馆广泛应用网络信息技术，为图书馆提供了技术设备的优势。一方面，技术设备的引入增强了图书馆的功能和效率，提升了读者的阅读体验。另一方面，网络信息技术的应用打破了传统图书馆阅读的时间和空间限制，扩大了阅读的范围。特别是移动数字图书馆、WAP网站、手机图书馆等的出现，使图书馆的查询、阅读、预约、荐购等服务变得无处不在，为广大读者提供了便捷的阅读平台。技术设备的优势为校园阅读文化的建设提供了有力的支持。

高校图书馆的馆藏资源丰富和技术设备先进是推动校园阅读文化建设的重要条件。图书馆可以充分利用丰富的馆藏资源，开展广泛的阅读活动，满足不同层次读者的阅读需求。同时，技术设备的应用使阅读更加便捷和多样化，提升了阅读的质量和效果。馆藏资源丰富和技术设备先进的图书馆为广大师生提供了良好的阅读环境和平台，促进了他们的阅读兴趣和能力的培养，进而推动了校园阅读文化的全面发展。在未来的校园阅读文化建设中，高校图书馆应继续加强馆藏资源的更新和扩充，不断引入先进的技术设备，以更好地满足读者的阅读需求，推动校园阅读文化的繁荣与发展。

（三）专业服务优势

高校图书馆相比于普通图书馆，拥有更多专业馆员和学科馆员。近年来，高校图书馆引进了一批高素质、高学历的人才，他们接受过全面的信息专业教育，熟悉信息资源的数字化管理模式。他们在专业化和学科化方面具备更全面的知识和技能，能够科学地进行馆藏资源建设，为读者提供更专业、更有针对性的信息参考咨询服务。借助专业服务的优势，高校图书馆能够引导阅读方向，倡导良好的阅读观念，营造愉悦的阅读氛围，帮助读者养成良好的阅读习惯。这样的馆员在高校校园文化建设中扮演着重要的角色，起着导航的作用。

（四）特定场所优势

高校图书馆作为校园的标志性建筑，拥有独特的场所优势。它具备漂亮的外观、宽敞的空间、明亮的光线、精良的设备以及安静的"悦读"氛围。内部布局合理、管理科学，各种功能室如图书借阅室、期刊阅览室、报刊阅览室、电子阅览室、多媒体视听室等一应俱全。在这些特定场所中，读者可以根据自身需求自主选择阅读的方式和场所。高校图书馆提供了理想的阅读环境，促使读者自觉学习、养成良好的阅读习惯，并激发了广大读者浓厚的阅读兴趣。阅读文化具有群体性和关联性，不仅仅是个体的阅读观念和行为。高校图书馆阅读文化是全体读者在图书馆中形成的阅读观念和行为，读者之间相互影响、相互关联。图书馆为校园阅读提供了最佳的空间场所，为校园阅读文化的建设提供了坚实的基础。

高校图书馆的专业服务优势和特定场所优势是推动校园阅读文化建设的重要保障。馆内专业馆员的存在保证了读者能够获得专业的咨询服务。而高质量的图书馆环境则为广大读者提供了舒适、安静、开放的阅读场所。这些优势使得高校图书馆成为培养大学生阅读兴趣、提高大学生阅读能力和素养的重要阵地。通过充分发挥专业服务优势和特定场所优势，高校图书馆能够为大学生提供良好的阅读环境和优质的阅读资源，进一步推动校园阅读文化的繁荣与发展。

（五）服务大学生优势

1. 帮助大学生成为全面发展的人才

高校图书馆作为一个开放的学习空间，可以为大学生提供全面的阅读资源和服务，帮助大学生在学术、文化、艺术、科技等各个领域得到全面的发展，成为全面发展的有用人才。

2. 提高大学生的文化自信心

高校图书馆弘扬阅读文化，不仅可以为大学生提供多元化的阅读选择，还可以通过举办各种文化交流活动，建设文化交流平台，激发大学生的阅读兴趣和文化爱好，从而提高大学生的文化自信心。

3. 促进大学生的创新思维

高校图书馆的丰富阅读资源和专业服务可以为大学生提供跨学科的知识和信息，激发大学生的创新思维和创新能力，帮助大学生更好地掌握和应用知识。

4.提高大学生的综合素质

高校图书馆可以为大学生提供各种阅读和写作培训，促进大学生的阅读、写作和表达能力的提高，从而提高大学生的综合素质。

5.增强大学生的社会责任感

高校图书馆不仅是大学生学习的场所，也是社会公共文化服务的组成部分。高校图书馆通过举办各种公益活动，引导大学生关注社会、服务社会，增强大学生的社会责任感。

二、高校图书馆弘扬阅读文化的理论意义

（一）有利于大学生树立与社会主义现代化相一致的价值观

价值观是人们对事物进行评判时所持的观点和认知。大学生的价值观主要是在社会实践中形成的，价值观形成的过程是一个将对周围事物的认识和看法内化为自我价值的过程。高校图书馆阅读文化作为思想政治教育的重要组成部分，在一定程度上反映了时代的要求和特征。随着社会的发展，人们的思想观念发生了变化，涌现出了一些积极的变革，也存在一些消极的影响，如享乐主义、拜金主义、极端个人主义等思潮在校园中的蔓延。在这样的背景下，高校图书馆阅读文化应充分发挥育人功能，引导大学生树立符合社会主义现代化要求的价值观。

高校图书馆阅读文化通过营造特定的精神文化、环境氛围、制度约束和网络环境，引导大学生在思想观念、行为方式、心理素质、价值取向等方面认同当代社会的文化价值。它可以对大学生的心灵和人格进行塑造，引导大学生树立符合社会主义现代化要求的价值观。此外，高校图书馆阅读文化的核心是图书馆精神，其中最深层的部分是师生员工所共同认同的价值观。在图书馆这一特定环境的影响下，高校图书馆阅读文化成为大学生的"风向标"，对他们的行为和态度产生持久的影响。它所肯定的行为和事物受到大多数大学生的接受和推崇，而否定的行为和事物则受到鄙弃和批判。高校图书馆阅读文化的导向作用能够将符合社会主义现代化要求的价值观融入文化活动和文化建设中，形成正确的价值导向和舆论导向，使大学生在高校图书馆阅读文化的熏陶和感染下，逐渐树立与社会主义现代化相一致的价值观念。

　　通过高校图书馆阅读文化的建设，可以促进大学生对社会主义现代化价值观的理解和接受，引导他们在思想、行为、价值观等方面与社会主义现代化相一致。这对于培养大学生的综合素质、加强思想道德建设以及推动社会主义现代化建设具有重要意义。高校图书馆阅读文化应以正确的价值观为引领，通过丰富的文化活动和教育方式，不断引导和塑造大学生的价值观，使他们成为社会主义现代化建设的积极参与者和推动者。

（二）有利于激发大学生的爱国主义和集体主义热情

　　面对科技信息时代的挑战，高校图书馆阅读文化遵循四项基本原则，努力宣传党在新时期的方针政策，引导大学生掌握辩证唯物主义思维方式。图书馆内设有板报栏、橱窗栏等展示区域，展示科学家、政治家、爱国主义者的肖像、名言、名人字画和箴言警句，滚动屏幕发布最新消息，激发大学生的思考和学习兴趣。通过这些措施，大学生可以深入了解和热爱中华民族的优秀传统文化。同时，高校图书馆积极配合社会主义、爱国主义和集体主义的宣传教育活动，推荐、宣传和简介与这些主题相关的优秀图书。举办"新书通报""新书、热门书推荐"等活动，充分发挥图书馆阅读文化的教育功能，鼓励大学生热爱阅读，提升文化素养，激发学习的积极性和创造力。优秀的图书馆阅读文化对大学生的世界观、人生观和价值观的形成产生深远影响，使大学生终身受益。良好的思想道德教育能够在潜移默化中培养大学生的观察力和判断力，使他们明辨是非、善恶和美丑，养成良好的品德。通过健康文明的高校图书馆阅读文化熏陶，大学生的道德情操得以培养，他们将拥有远大的理想、热爱祖国的热情以及高度的社会责任感和使命感。

（三）有利于校园文化的建设

　　高校图书馆阅读文化的建设对于校园文化的形成和发展具有重要意义。先进的高校图书馆阅读文化通过广大师生的自觉意识和集体组织的力量，对广大师生产生熏陶作用，促使他们形成良好的阅读观念和习惯，从而在校园内形成良好的阅读风尚。高校图书馆作为学校的文化阵地和知识传播的重要场所，其阅读文化的先进性直接影响着整个校园的文化建设。

　　首先，高校图书馆阅读文化对广大师生有熏陶作用。图书馆作为学校机构中不可或缺的组成部分，承担着为师生提供学习资源和信息服务的重要职责。通过丰富的图书馆阅读文化，广大师生能够接触到各种精彩的书籍和文献资料，拓宽视野，增长知识，提高思维能力和综合素质。高校图书馆阅读文化的熏陶作用体现为引导师生形成良好的阅读观念和阅读习惯，培养他们的阅读兴趣和能力，激发他们对知识的探索和追求。高校图书馆阅读文化通过集体组织的力量和舆论的引导，对师生的阅读思想行为产生诱导和影响，使其在高校图书馆的文化氛围中受到熏陶，形成积极向上的价值取向和行为准则。

其次，良好的阅读文化对大学生具有激励作用。高校图书馆阅读文化能够激发大学生对知识的渴求和对学习的热情。通过推荐优秀的图书和文献资料，举办各种阅读活动和讲座，高校图书馆能够引导大学生读好书、读经典、读好报，培养他们的阅读兴趣和阅读品位。良好的阅读文化不仅能够丰富大学生的知识储备，提高他们的学术水平，还能够激发他们的创新思维和实践能力。通过与图书馆丰富的资源互动，大学生能够开阔思维，拓宽眼界，提升综合素质，更好地适应社会的发展需求。

再次，高校图书馆是优秀校园文化产生和得以维持的主要阵地。高校图书馆作为学校文化建设的核心环节之一，承担着传承和弘扬中华优秀传统文化的使命。通过引入优秀图书和文献资料，举办专题展览和文化活动，高校图书馆能够传递和弘扬民族文化的精髓，培养大学生的民族自豪感和文化自信心。同时，高校图书馆还能够促进大学生的社会责任感和集体主义精神的培养。通过参与图书馆的文化活动和服务工作，大学生能够体会到集体协作的重要性，培养团队合作精神和社会责任感，形成良好的人际交往能力和社会行为规范。

最后，高校图书馆阅读文化中的制度文化对大学生具有规范约束作用。高校图书馆阅读文化的建设不仅仅是营造良好的文化氛围，更重要的是通过制度文化对大学生进行规范和约束。图书馆的管理规定、读者须知等制度文化能够规范师生的行为举止，要求每个人遵守阅读的道德品质和行为方式。这些制度文化为大学生提供了内在的尺度和规范，引导他们在阅读中形成良好的品德和行为习惯。通过遵守图书馆的制度规定，大学生能够培养自律意识和遵纪守法的素养，增强社会责任感和法律意识，为个人发展和社会进步打下坚实的基础。

（四）有利于营造良好的学术氛围，促进人文素养的提升

高校图书馆弘扬阅读文化对于营造良好的学术氛围和促进人文素养的提升有着重要的作用。

首先，高校图书馆作为学校的重要组成部分，其弘扬阅读文化的任务十分重要。通过在图书馆内营造阅读环境，丰富图书馆内的藏书种类，引导大学生培养良好的阅读习惯，不断提高阅读能力和素养。这样，大学生就能够更好地理解和掌握专业知识，提高学习水平，进而形成良好的学术能力。

其次，高校图书馆弘扬阅读文化还能够促进人文素养的提升。在图书馆内，大学生可以接触到各种不同的书籍，包括文学、历史、哲学、艺术等领域的作品。通过阅读这些书籍，大学生能够拓宽视野，增强人文素养，提高综合素质。此外，高校图书馆还可以举办各种文化活动，如读书分享会、文学讲座等，进一步促进大学生的人文素养提升。

三、高校图书馆弘扬阅读文化的实践意义

（一）有利于提高图书馆的服务质量

高校图书馆弘扬阅读文化不仅能够提高大学生的阅读能力和人文素养，还有利于提高图书馆的服务质量。

首先，图书馆通过丰富馆内的藏书、提供多种不同类型的书籍，满足大学生对于阅读的需求，提高大学生的满意度。使大学生更加愿意使用图书馆的资源，提高对于图书馆的信任和满意度。

其次，图书馆举办各种文化活动，如读书分享会、文学讲座等，可以提高图书馆的品牌价值，吸引更多的大学生来到图书馆。这种吸引力不仅仅来源于图书馆的藏书和设施，更重要的是通过文化活动营造出来的浓厚氛围。

最后，高校图书馆弘扬阅读文化还可以提高图书馆的运营效率。通过营造良好的阅读环境和提供优质的服务，可以将图书馆变成大学生学习和思考的好去处，从而减少大学生在学习过程中的娱乐消遣时间，提高大学生的学业成绩。这样，大学生就会更加愿意使用图书馆的资源，也会提高图书馆的服务质量。

（二）有利于提升高校图书馆的社会影响力

高校图书馆弘扬阅读文化可以提升高校图书馆的社会影响力，主要有以下四个方面的益处。

提高高校图书馆的知名度和形象。图书馆通过举办各种阅读推广活动，如

读书分享会、文学讲座、文艺活动等，可以吸引更多的大学生和社会群体来到图书馆，提高图书馆的知名度和形象。

提升高校图书馆的社会影响力。高校图书馆弘扬阅读文化不仅仅是服务大学生的需要，更是服务社会的需要。高校图书馆作为社会公共文化设施，应该承担起文化传承和普及的责任，通过弘扬阅读文化，提升其在社会中的影响力。

打造高校图书馆的专业形象。通过丰富图书馆的藏书和多元化的服务，高校图书馆可以打造出更加专业和有内涵的形象，使人们更加信任和依赖图书馆的服务。

培养社会文化素质。高校图书馆弘扬阅读文化可以提高大学生和社会人群的文化素养和综合素质，帮助他们形成良好的阅读习惯和思考能力，不仅可以拓宽人们的知识面，也可以提高社会的整体素质。

（三）有利于高校图书馆导读作用的发挥

高校图书馆的导读作用是图书馆教育的一个重要环节，它通过积极宣传和推荐图书的方式，有目的、有计划地引导读者的阅读选择和领会。高校图书馆作为学校的文献信息资源集散中心，广大师生是其主要用户。在了解读者的爱好和需求的基础上，图书馆开展导读工作，以满足读者的阅读需求，提供有针对性的阅读指导。

导读工作是图书馆工作的重点，尤其对于大学生来说，他们已经具备了一定的阅读能力和良好的思维习惯，但是许多大学生对图书馆的了解和利用并不充分。因此，高校图书馆阅读文化的建设至关重要，它能够营造良好的阅读氛围，吸引更多的大学生走进图书馆，参与阅读活动。

高校图书馆阅读文化的形成是广大师生共同创造的文化现象，它以阅读为核心，体现了人们对阅读的共同认同和重视。在这种文化的影响下，人们在阅读时受到文化的引导和影响，享受阅读的乐趣。良好的阅读文化潜移默化地影响着人们的阅读行为和阅读习惯。反过来，如果高校图书馆缺乏阅读文化的建设，将失去吸引读者的魅力，也将失去许多潜在的读者。

优秀的文化造就优秀的民族，良好的阅读文化必然推动高校图书馆的阅读活动，更好地发挥其导向作用，为更多师生提供优质的服务。图书馆可以通过多种途径发挥导读作用。例如，举办读书推荐活动，推荐与课程相关的图书，引导大学生深入研读；开展书评比赛，鼓励大学生分享阅读心得；提供导读手册和阅读指南，帮助读者更好地选择适合自己的图书；定期举办阅读沙龙和讲座，提供互动交流的平台；等等。

通过有效的导读工作，高校图书馆可以帮助大学生拓展阅读领域，丰富知识内涵，提高学术素养和综合素质。同时，导读也能激发大学生的爱国主义和集体主义热情，引导他们关注国家大事、社会问题，并通过阅读增强对国家、社会和集体的责任感与使命感。高校图书馆的导读作用不仅仅是为了满足大学生的学术需求，更重要的是培养大学生的社会责任意识和家国情怀，使他们成为有道德、有担当的社会栋梁之材。

因此，在高校图书馆的阅读文化建设中，要注重导读工作的重要性，通过多种方式和手段引导大学生进行有意义的阅读，激发他们的阅读兴趣和热情，培养他们的思辨能力和创新精神。只有充分发挥导读作用，高校图书馆才能更好地为师生服务，推动大学生全面发展，为社会主义现代化建设贡献力量。

（四）有利于培养读者的文化自信

高校图书馆弘扬阅读文化可以培养读者的文化自信，主要体现在以下四个方面。

一是提供多元化的阅读资源。高校图书馆作为大学文化建设的重要组成部分，丰富的阅读资源和藏书可以为读者提供多样化的阅读选择，让读者感受到文化多样性和文化自信心。

二是提供专业化的服务。高校图书馆不仅仅是一个阅读场所，更是一个具有专业性的文化知识管理机构。丰富的文献资源和专业的服务，可以让读者感受到图书馆的专业化和权威性，提高其对文化知识的自信心。

三是建设文化交流平台。高校图书馆可以举办各种文化交流活动，如读书分享会、文化讲座、文艺表演等，为读者提供一个自由交流和表达的平台，让读者在交流中提高其文化自信心。

四是激发大学生的兴趣和爱好。高校图书馆可以推广各种精品读物和文化创意产品，通过创新的阅读体验和文化交流方式，激发大学生的阅读兴趣和文化爱好，提高其对文化知识的自信心。

（五）有利于社会文化水平的提高

阅读作为学习、思考和创新的基石，在大学时代具有重要的意义。良好的阅读习惯将对大学生未来的学习、工作和生活产生深远影响。作为第二课堂的高校图书馆在其中发挥着不可替代的作用。高校图书馆阅读文化作为校园阅读文化的重要组成部分，是校园文化的一个突出反映。高校校园文化是社会文化的一部分，它反映了社会文化的总体趋势和特征。因此，优良的高校校园文化将引领整个社会文化迈向更高层次的发展。高校图书馆阅读文化通常处于校园文化的前沿，并且作为校园文化的子文化，具有一定的前瞻性。

高校图书馆阅读文化作为社会文化不可或缺的一部分，必将获得社会的认可，并以其创新性和超前性的发展成为推动社会文化进步的动力。阅读是人类进步的阶梯，社会文化水平的提高依赖于社会阅读的普及和发展。因此，高校图书馆阅读文化的建设将营造积极、健康、向上的主流阅读氛围，积极倡导多读书、读好书的理念，培养读者良好的阅读习惯。从学生时代开始，高校图书馆阅读文化具有导向功能，塑造高尚的精神，引导正确的舆论，形成互动共创的良好局面。以文化的形式影响人们的阅读行为，高校图书馆阅读文化将使人们终身受益，从而提高整个社会的文化品质。

高校图书馆阅读文化的建设需要多方合力。首先，高校图书馆应充分发挥其资源优势，提供丰富多样的图书和文献资料，满足师生的知识需求。同时，图书馆还应积极开展各类阅读活动和推广阅读的宣传活动，吸引师生参与其中。其次，学校和教师要给予充分的支持和重视，将阅读文化纳入教学和培养计划中，引导大学生积极参与阅读，提高阅读能力和素养。最后，家庭和社会也应共同努力，为大学生提供良好的阅读环境和支持，培养他们的阅读兴趣和阅读习惯。

第三节 高校图书馆弘扬阅读文化的策略

一、优化高校图书馆的环境

图书馆的环境是弘扬阅读文化的关键因素之一。舒适、宜人的图书馆环境能够激发读者的阅读兴趣和学习欲望，提高阅读的效果和体验。图书馆环境建设包括外部环境和内部环境两个方面。

（一）外部环境建设

图书馆的外部环境应具有现代化、生态化和个性化的特点，以吸引读者的注意力和兴趣。首先，注重图书馆建筑的艺术审美。现代图书馆建筑倾向于简洁、轻盈、明亮的外观设计，摒弃繁复的装饰，追求几何形态的抽象组合，以提供舒适、宜人的视觉感受。其次，重视图书馆周围的绿化环境。充分利用绿色植物进行环境美化，不仅能为图书馆增添自然气息，还能吸收噪声和空气污染物，使阅读环境更清静、清新。

（二）内部环境建设

图书馆的内部环境建设主要涉及阅览区域、座位、书刊展示架等方面。首先，重视阅览区域的布局和设计。合理划分不同功能的阅览区域，提供安静、舒适的空间供读者阅读和学习。设置适当的隔音措施和良好的照明设施，为读者提供良好的阅读条件。其次，注重座位的舒适性和人性化设计。提供符合人体工程学的座椅和桌面，让读者在舒适的座椅上长时间阅读不感到疲劳。最后，合理设置书刊展示架和导读牌，使读者能够方便地浏览和选择自己感兴趣的书籍和资料。

通过优化图书馆的外部环境和内部环境，创造一个宜人、舒适的阅读环境，可以吸引更多的师生投身其中，感受到浓厚的阅读氛围。一个具有良好环境的高校图书馆能够成为大学生学习、研究和阅读的理想场所，促进阅读文化的培养和传承，为校园文化建设作出积极贡献。

二、开展阅读活动

高校图书馆应积极组织丰富多样的阅读活动，为大学生提供一个全面发展的阅读平台，引导他们深入思考和研究各类文化信息，提升他们的分析鉴赏能力和辨识能力以及道德文化素养。图书馆可设立专门的阅读引导机构，负责阅读指导、书刊推荐和文献编制等工作，帮助大学生提高文献获取能力，消除初次进入图书馆的大学生的迷茫。同时，要注重新生的信息意识培养，在大学生刚入学时即刻进行相关培训，指导他们如何有效利用图书馆资源等。

在了解大学生阅读心理的基础上，高校图书馆可以举办各种读书活动，引导大学生热爱阅读、读好书、善于阅读。这些活动旨在引导大学生将通过阅读所获得的知识应用于实际学习和生活中，加深对所学知识的理解，并培养解决问题的能力。通过运用所掌握的知识解释或解决问题，甚至取得成就，大学生会体验到知识运用的乐趣和成功的喜悦，进而激发他们更强烈的阅读热情，不断探索更多的知识。通过阅读活动进一步增强大学生的阅读兴趣，培养他们的自主学习能力和终身学习习惯。

阅读活动包括书展、主题讲座、阅读分享会、阅读推广活动等。图书馆可以邀请知名作家、学者、专家来校园举办讲座和交流会，激发大学生的阅读兴趣和求知欲望。同时，组织阅读分享会，鼓励大学生分享自己的阅读体验和感悟，促进大学生之间的互动和交流。此外，还可以开展阅读推广活动，如推荐优秀图书活动、读书馆员推荐活动、读书比赛等，激发大学生的阅读热情，提高参与度。

通过丰富的阅读活动，高校图书馆能够营造出积极向上的阅读氛围，引导大学生更好地使用图书馆资源，拓展阅读领域，培养他们的批判思维能力和创新精神，使阅读成为大学生全面发展的重要组成部分。

三、加强馆藏建设

图书馆作为知识的宝库，承载着丰富的文献信息资源，对于校园文化的建设起着重要的支持作用。图书馆应充分认识到馆藏建设对于校园文化建设的重要性，并根据学校的专业设置和学科发展，有计划、有针对性地组织馆藏书籍。

首先，图书馆应注重文献资源的丰富性和多样性。不仅要收藏各个学科领域的经典著作和重要文献，还要关注当代热点问题的相关书籍和期刊，及时更新和补充馆藏。此外，还应开展多元化的数字资源收集，包括电子书籍、学术数据库、在线期刊等，以满足大学生在信息时代的多样化阅读需求。

其次，图书馆应建立科学合理的馆藏体系。根据学校的教学科研需求和学科特点，制订馆藏规划和发展策略，确保馆藏书籍的全面覆盖和学科配比。在馆藏建设中要注重平衡专业书籍和通识类书籍的比例，既要满足专业学科的深入学习，又要促进大学生的全面素养发展。

图书馆还应积极引进优秀的文献资源，包括中外名家名著、研究报告、学术论文等，为大学生提供更广阔的阅读选择和学术研究支持。同时，要加强馆际合作和资源共享，以及与其他高校图书馆建立合作关系，互相借阅和交流文献资源，拓宽大学生的阅读视野和知识广度。图书馆在加强馆藏建设的同时，还应关注读者的需求，通过读者调研和反馈机制，了解大学生对于馆藏书籍的需求和反馈意见，根据实际情况调整和优化馆藏，提供更好的服务。同时，要加强对图书馆馆藏资源的宣传推广，利用图书馆网站、校园宣传渠道等，向大学生宣传馆藏资源的丰富性和特色，激发大学生对图书馆的阅读兴趣和使用意愿。

通过加强馆藏建设，高校图书馆能够为大学生提供全面的知识支持和文化滋养，为校园文化建设提供强大的支撑力量。馆藏资源的丰富性、合理性和多样性将推动大学生的全面发展和学术研究的深入进行，为校园阅读文化活动的有效展开奠定坚实基础。

四、优化日常管理

图书馆作为学校的核心部门，需要优化日常管理，以提供高效、便捷、优质的服务，促进校园阅读文化的建设。

首先，图书馆应建立科学合理的馆藏管理系统。通过信息化手段，建立起完善的馆藏管理系统，包括图书采购、目录编制、图书流通管理等环节的规范和自动化处理，提高馆藏资源的管理效率和服务质量。同时，要定期开展馆藏资源清理工作，淘汰过时、陈旧的书籍，保持馆藏的新鲜和更新。

其次，图书馆应加强对读者需求的了解和反馈机制。图书馆应建立读者调研和反馈机制，通过问卷调查、座谈会等形式，了解读者对馆藏资源、服务质量和阅读需求的意见和建议。根据读者的反馈，及时调整服务策略，满足读者的需求，提供更贴近实际的服务。

再次，图书馆应加强与学校教学科研部门的紧密合作。与各学院、教师建立良好的合作关系，及时了解教学科研的需求，为教师提供学术研究所需的文献资源和信息服务。同时，加强与大学生组织的合作，通过共同举办讲座、培训等活动，提高大学生的信息素养和阅读能力。

又次，图书馆应加强馆员队伍的培训和专业素质提升。图书馆应定期组织培训和学习交流活动，增强馆员的服务意识、专业知识和信息素养。同时，鼓励馆员参与学术研究和学术交流，提高自身学术水平和专业能力，为读者提供更专业、更高质量的服务。

最后，图书馆应加强宣传推广，提高图书馆的知名度和影响力。通过各种渠道和媒体宣传图书馆的特色资源、服务项目和文化活动，吸引更多的读者关注和使用图书馆。同时，建立图书馆与读者之间的互动平台，开展读者座谈会、读书分享会等活动，增强读者的参与感和获得感。

通过优化日常管理，高校图书馆能够提供更高效、便捷的服务，满足广大读者的需求，推动校园阅读文化的建设，为大学生的学习、研究和成长提供有力支持。只有不断提高自身的管理水平和服务质量，图书馆才能在阅读文化建设中发挥更大的作用，为学校和社会培养更多有思想、有文化素养的人才。

第四节　构建高校图书馆网络阅读的策略

一、网络阅读的相关内容

（一）网络阅读的概念

网络阅读是一种新兴的阅读方式，它借助互联网和数字技术，让人们可以通过在线平台获取和阅读各种形式的内容。相比于传统的纸质阅读，网络阅读具有许多独特的特点和优势。

首先，网络阅读扩大和丰富了阅读的范围和内容。通过互联网，人们可以轻松获取来自全球各地的信息资源。无论是经典文学作品、学术研究成果，还是时下流行的小说、杂志、报纸等，都可以在网络上找到并进行阅读。网络阅读的多元化内容满足了不同读者的需求，使阅读内容更加丰富多样。其次，网络阅读提供了更加灵活和便捷的阅读方式。传统的纸质阅读需要实体书籍，而网络阅读则可以通过电子书、在线文档、博客、新闻网站等方式进行阅读。读者可以打破时间和地点的限制，在任何时候、任何地点通过网络进行阅读，提高了阅读的便利性和灵活性。最后，网络阅读强调读者的主体性和参与性。网络阅读不再是单向的传递信息，而是通过互动、评论、分享等方式，读者可以参与阅读内容的创造和分享。社交媒体和在线社区提供了交流和讨论的平台，读者可以与他人分享阅读体验、提出观点、互相学习和启发，形成一个更加开放和多元的阅读生态。此外，网络阅读还具有搜索便捷、资源丰富、实时更新等特点。通过搜索引擎和在线图书馆，读者可以快速找到感兴趣的内容，无须花费大量时间和精力。网络上的资源丰富多样，新的内容可以随时发布和更新，保证了阅读的时效性和及时性。

（二）网络阅读的发展

网络阅读的发展对个人和社会产生了深远的影响。它改变了人们获取知识和信息的方式，推动了信息时代的到来。网络阅读促进了知识的传播和分享，打破了时间和空间的限制，让人们可以跨越地域和文化的界限，共同参与全球化的阅读与交流。

网络阅读对阅读格局的冲击是巨大的，它给阅读带来了深远的影响，也引发了许多讨论和争议。在阅读研究和阅读推广中，理性看待网络阅读的优势和劣势，以及它可能带来的正面和负面影响尤为重要。

1. 网络阅读是技术发展的必然结果

从技术发展角度来看，人类一直在通过改造媒介克服传播活动的时空局限性，满足人类对自由的追寻。每一次技术革新，都引发了阅读媒介的变革，改变了阅读模式。网络阅读作为新兴的阅读方式，借助互联网和数字技术，让人们可以在任何时间、任何地点获取和阅读各种形式的内容，满足了人们随时随地获取信息的需求，使阅读更加灵活和便捷。

2. 网络阅读与传统阅读在博弈中谋求共赢

网络阅读与传统阅读之间存在着相互影响和相互促进的关系。网络阅读作为信息载体的补充，弥补了传统阅读的不足之处。同时，传统阅读也通过对网络阅读的反思和调整，不断适应社会发展的需求。网络阅读的发展促使传统阅读进行转型和创新，使传统阅读更加与时俱进。

网络阅读也存在一些问题和挑战。信息过载、碎片化阅读、可信度难以判断等现象给人们的阅读体验和阅读质量带来了一定的影响。此外，网络阅读也对个人的注意力和专注力产生了一定的冲击，容易引发阅读浅尝辄止、浏览式阅读等表面化的阅读行为。因此，培养良好的网络阅读习惯和批判性思维能力尤为重要。同时，保护个人隐私和信息安全也是网络阅读发展中需要解决的问题之一。

要理性看待网络阅读，既要充分发挥其优势，也要认识到其局限性。网络阅读提供了广阔的阅读资源和便捷的阅读方式,可以满足人们多样化的阅读需求。同时,它也需要在内容质量、知识获取、隐私保护等方面加以关注和解决。只有在理性的基础上,才能更好地发挥网络阅读的积极作用,推动阅读文化的发展和进步。

3.网络阅读的成长是一个不断自我修正的过程

在数字信息时代,网络阅读一直在不断演变和发展,以适应人们对阅读的新需求和阅读的新方式。

一方面,随着技术的不断进步,网络阅读的形式和载体也在不断更新和改进。从最初的电脑在线阅读到后来的电子书阅读器、平板电脑和智能手机,不断涌现出更加便捷和高效的阅读设备。这些新的技术和设备实现了人们随时随地阅读的愿望,使阅读更加便利和灵活。同时,网络阅读平台和应用也在不断创新,提供更多样化的阅读体验,如电子书借阅服务、在线书店、阅读社区等,满足了人们多元化的阅读需求。另一方面,网络阅读的内容和形式也在不断演进。随着网络技术的发展,人们可以轻松获取到来自世界各地的大量数字化文献和资讯。网络上涌现出各种各样的阅读资源,包括电子书、在线期刊、博客、论坛、社交媒体等,涵盖广泛的主题和领域。使人们在阅读过程中可以更加灵活地选择内容、深入交流和互动,丰富了阅读的体验和学习的可能性。

网络阅读也面临一些挑战和问题。信息过载、内容真实性和可信度、个人隐私等问题是人们普遍关注的焦点。网络阅读的快速发展也导致了碎片化阅读、浅尝辄止的阅读习惯等现象,挑战着人们的注意力和深度阅读的能力。此外,网络阅读还带来了一定的版权和商业化问题,需要在保护知识产权的同时,为作者和出版商提供合理的回报。网络阅读的成长是一个不断自我修正的过程。需要认识到网络阅读的优势和便利性,也要注意其可能带来的问题和挑战。在网络阅读中,个人的信息素养和批判思维能力尤为重要。应该学会有效地筛选和评估信息,培养深度阅读的能力,保持对知识的探索和对思考的热情。同时,社会和相关机构也应加强对网络阅读的规范和管理,保障信息的可信度和读者的权益。

(三)网络阅读的优势及其可能引发的负面影响

网络阅读的优势和可能引发的负面影响是在评估网络阅读的影响时需要考虑的关键因素。

1. 网络阅读的优势

网络阅读的优势在于其获取方便和时效性强。通过网络，人们可以随时随地获取各种信息和文献资源，不再受限于时间和空间的限制。网络阅读的互动性和共享性也为读者提供了更广泛的交流和分享平台。此外，网络阅读的内容丰富多样，涵盖各个领域和主题，可以满足不同读者的需求。网络阅读的便利性使人们可以更加自由地选择阅读材料，提高了信息获取的效率和广度。通过搜索引擎和在线数据库，读者可以轻松查找到所需的信息，并进行快速的筛选和比较。同时，网络阅读也为人们提供了更多元化的阅读形式，如音频书、电子书和在线期刊等，可以满足不同读者的阅读习惯和喜好。此外，网络阅读还具有互动性和参与性的特点。通过网络，读者可以与作者、其他读者以及专家学者进行在线讨论和交流，分享自己的阅读体验和观点。这种互动和参与使阅读不再是孤立的行为，而是一个社交和共同构建知识的过程。

2. 网络阅读可能引发的负面影响

第一，信息过载和信息焦虑的问题。由于网络上的信息数量庞大且不断增加，读者往往面临着选择困难和获取信息的困扰，容易产生焦虑情绪。在海量的信息中寻找有价值的内容也需要一定的信息素养和批判思维能力。

第二，网络阅读可能导致浅阅读的现象。快速浏览和碎片化阅读成为一种普遍的阅读方式，读者的深度阅读和思考的能力可能会受到影响。短时记忆和片段化的阅读经验可能会削弱人们的注意力和专注力，影响人们对复杂主题的深入理解。

第三，网络阅读可能引发媒介依赖和误导的问题。由于网络的便捷性和多样性，部分读者可能过度依赖网络来获取信息，导致对传统媒体的忽视和阅读习惯的改变。同时，网络上的信息质量良莠不齐，虚假和低质量的信息可能对读者产生误导和影响。

第四，网络阅读也存在一些社会问题。不良信息在网络上泛滥，可能对社会稳定和道德价值产生负面影响。同时，网络上盗版泛滥和知识产权的管理也是亟待解决的问题。未经授权的内容复制和传播损害了作者和出版商的合法权益，影响了文化产业的可持续发展。

针对网络阅读的负面影响，需要采取一系列措施。对于个体，需要培养良好的信息素养和批判思维能力，学会选择和评估信息的可信度和价值。另外，家庭、学校和社会应加强对青少年的网络素养教育和引导，帮助他们树立正确的网络阅读观念，养成良好的行为习惯。相关部门也需要加强对网络信息的监管和管理，加大对不良信息的打击力度，完善知识产权保护机制。

二、高校图书馆与大学生网络阅读

（一）网络阅读对大学生的影响

1.网络阅读对大学生的积极影响

网络阅读具有阅读环境开放、阅读内容丰富、阅读过程中可互动、存储空间巨大等特点。因此与传统的纸质阅读相比，网络阅读在阅读环境、阅读内容、阅读过程等方面具备明显优势。

（1）网络阅读为大学生提供了丰富的学习资源和广阔的知识获取渠道。传统的纸质阅读受限于时间和空间，而网络阅读打破了时空限制，使大学生可以随时随地获取各种学术资料、电子书籍、论文等。网络上的开放教育资源、在线课程和学术研讨会也为大学生提供了跨学科学习和交流的机会，促进了知识的传播和共享。

（2）网络阅读培养了大学生的信息素养和批判思维能力。在网络阅读中，大学生需要面对海量的信息，学会筛选和评估信息的可信度和价值。他们需要培养批判性思维，判断信息来源的可靠性，并对信息进行深入分析和综合判断。这些能力不仅在学术研究中具有重要意义，而且对大学生的日常生活和职业发展具有积极影响。

（3）网络阅读促进了大学生之间的交流与合作。通过网络阅读，大学生可以通过在线社区、论坛和博客等平台分享自己的阅读心得和观点，与他人进行讨论和交流。这种互动与合作的机会有助于大学生扩展社交范围，促进了彼此之间的学习和成长。

2.网络阅读对大学生的消极影响

网络信息内容极为丰富，加之其在阅读过程中所具有的便捷性与自主性特点，网络阅读较之纸质阅读，其优势不言而喻。然而也应看到，尽管与纸质阅读相比，网络阅读在不少方面具有明显的长处，但也存在着不少隐患。

（1）网络阅读可能导致大学生的信息焦虑和选择困难。由于网络上的信息爆炸式增长，大学生面临着海量信息的选择和过滤，容易感到困惑和焦虑。他们需要培养合理的信息获取策略和分析能力，以减轻信息压力。

（2）网络阅读的碎片化和浅阅读。这一现象可能削弱大学生的深度思考和阅读体验。快速浏览和跳跃式阅读成为一种普遍的阅读方式，大学生可能倾向于追求阅读的速度而忽视了深入理解和思考。这可能对他们的学习效果和思维能力产生负面影响。

（3）网络阅读可能误导大学生。网络阅读中存在不准确、虚假和低质量的信息，大学生需要具备辨别的能力，以免被误导。此外，网络上的不良信息和虚假新闻也可能对大学生的价值观和道德观产生负面影响，需要引导他们正确看待和使用网络信息。

（二）高校图书馆对大学生网络阅读的引导

高校图书馆作为学校的文献信息中心，在当前网络阅读盛行的背景下，扮演着引导大学生正确认识阅读行为和提升阅读能力的重要角色。现今大多数高校都建有网络阅览室，并配备有专门的指导老师，同时，图书馆也采购了内容丰富的数据库资源。对于大学生在网络阅读中可能遇到的问题，高校图书馆应该充分利用现有的网络阅读平台，根据大学生的阅读心理，准确把握网络阅读的功能定位，并采取科学有效的策略引导和控制大学生的网络阅读行为，培养他们良好的阅读习惯。

1. 引导大学生树立正确的阅读理念

高校图书馆在引导大学生树立正确的阅读理念方面起着关键作用。首先，通过图书馆网站、微信公众号等网络平台，为大学生提供关于阅读理念的宣传和指导。还可以定期发布有关阅读的文章、推荐书目和阅读心得，向大学生传递正确的阅读观念和方法。同时，利用社交媒体的互动性，鼓励大学生分享自己的阅读体验和收获，促进同学之间的交流和启发。其次，图书馆可以开设阅读指导课程，向大学生传授正确的阅读技巧和方法。这些课程可以包括如何选择适合自己的阅读材料、如何进行深度阅读、如何提高阅读效率等内容。通过系统化的指导，帮助大学生树立正确的阅读理念，并将阅读融入他们的学习和生活中。最后，图书馆还可以利用固定和流动展板等形式，展示有关阅读理念的信息。在图书馆的展示区域设置专门的展板，介绍阅读的重要性和价值，推荐一些经典的文学作品和学术著作。同时，在校园其他区域设置流动展板，如学生宿舍楼、食堂等，向更多的大学生传递正确的阅读理念。

通过以上措施，高校图书馆可以引导大学生树立正确的阅读理念，鼓励他们主动探索、深入思考，培养持久的阅读兴趣和良好的阅读习惯。这样，大学生将能够更好地应对信息时代的挑战，发展个人素质，为未来的学习和人生奠定坚实的基础。

2.加强网络监管，引导大学生进行良性网络阅读

为了引导大学生进行良性阅读，高校图书馆应加强网络监管，并采取相应措施引导大学生进行良性网络阅读。

（1）图书馆可以与学校相关部门合作，引入网络的分级审查制度。通过必要的技术手段，如网上监控、过滤和屏蔽等，对有害或不良内容进行拦截和筛选以有效减少不良信息对大学生网络阅读的影响，为大学生提供一个健康的网络阅读环境。同时，图书馆还应加强对网络安全和网络伦理的教育，帮助大学生正确理解和应对网络世界的挑战。

（2）建立学校网络导读模式。图书馆可以建立学校网络导读模式，通过在校园网上建立推荐网址中心，为大学生提供健康、有益的网站评价信息和检索界面。通过精心筛选和推荐优质网站，引导大学生主动选择可靠和有价值的网络资源，帮助他们培养辨别信息真伪和分析信息质量的能力。此外，图书馆还可以开展网络阅读教育活动，向大学生提供网络阅读技巧和策略的培训，帮助他们更好地利用网络资源进行学习和研究。

（3）开展大学生的个性化引导和咨询服务。图书馆可以加强对大学生的个性化引导和咨询服务。通过与大学生的交流和咨询，了解他们的阅读需求和兴趣，针对不同的大学生群体提供相应的网络阅读推荐和指导。图书馆可以通过与大学生的互动，了解他们的网络阅读习惯和偏好，并根据实际情况调整和优化网络资源的选择和布局，以满足大学生的阅读需求。

（4）加强与家长和教师的合作。图书馆还可以加强与家长和教师的合作，共同为大学生营造良好的网络阅读环境。图书馆可以定期组织家长和教师参与网络阅读教育活动，为其提供关于网络阅读的指导和建议，帮助他们了解网络阅读的特点和挑战，并共同探讨如何引导大学生进行良性网络阅读。

通过以上措施，高校图书馆可以加强对大学生的网络监管，并引导他们进行良性网络阅读，为大学生提供一个健康、有益和安全的网络阅读环境，促进他们的全面发展和学术成长。同时，这也将帮助大学生树立正确的阅读价值

观和道德观，提升他们的信息素养和创新能力，为他们的未来发展打下坚实的基础。

3.加强读者培训，培养大学生网络阅读技能

为了帮助大学生有效利用网络进行阅读，高校图书馆应加强读者培训，培养大学生的网络阅读技能。

（1）开展相关文献检索和网络信息利用培训。图书馆可以组织针对大学生的文献检索和网络信息利用培训。通过教授大学生如何进行关键词检索、筛选合适的数据库和在线资源，以及如何评估信息的质量和可靠性，帮助大学生掌握有效的信息检索技巧和利用网络资源的方法。此外，还可以引导大学生学习使用一些专业的文献检索工具和资源，如学术搜索引擎、在线期刊、数据库等。

（2）开展阅读技能培训。图书馆可以开展阅读技能培训，包括精读与泛读、反馈式阅读和创造性阅读等方面。通过讲授阅读理解和分析的方法，培养大学生快速获取信息的能力，同时鼓励他们进行深度思考和批判性阅读。图书馆可以提供相关的阅读材料和案例，引导大学生进行反思和讨论，帮助他们发展批判性阅读的能力。

（3）开设网络阅读的专题讲座和工作坊。图书馆还可以开设关于网络阅读的专题讲座和工作坊，邀请专家学者分享他们的经验和见解。这些活动可以帮助大学生了解最新的网络阅读趋势和技术发展，并提供实用的技巧和建议。同时，图书馆可以建立一个专门的网络阅读指导团队，由专业的图书馆馆员或阅读辅导员组成，为大学生提供个性化的指导和咨询服务，帮助他们解决在网络阅读中遇到的问题和困惑。

（4）注重大学生阅读心理的引导和培养。图书馆还应注重对大学生阅读心理的引导和培养。通过组织心理辅导活动或提供相关的阅读心理指导材料，帮助大学生克服网络阅读中的注意力分散、信息焦虑等问题，培养他们在网络阅读中的专注力、理解力和记忆力。此外，图书馆还可以鼓励大学生与他人分享阅读体验，通过组织读书会、书评比赛等活动，营造积极的阅读氛围，提高大学生的自制力，培养大学生持续阅读的习惯。

通过加强读者培训，高校图书馆可以帮助大学生提升网络阅读技能，让他们能够更好地利用网络资源进行学习和研究。这将对大学生的学术发展和终身学习产生积极影响，并为他们未来的职业发展打下坚实的基础。同时，这也符

合图书馆作为学术信息中心和学习支持中心的角色定位，为学校培养具有信息素养和创新能力的优秀人才作出贡献。

4.营造阅读环境，提供交流平台

阅读的目的不仅在于获取知识，也在于通过阅读本身获取心灵的自由与愉悦。因此，为了提升大学生的网络阅读兴趣阅读体验，高校图书馆应该营造良好的阅读环境，并提供交流平台，以满足大学生的需求。

第一，图书馆应提供舒适、安静的阅读空间，配备适合网络阅读的设施和设备。为了满足大学生在网络阅读中的需求，图书馆可以设置专门的网络阅览室或多媒体阅读区域，提供舒适的座位、高速网络连接、电脑、平板电脑等设施设备，方便大学生进行网络阅读。同时，图书馆应注意保持良好的环境卫生和安静的氛围，为大学生提供一个专注和放松的阅读场所。

第二，图书馆可以提供电子书籍订阅和下载服务，为大学生提供免费或优惠的电子书资源。通过订购各类电子书籍，覆盖不同学科领域和大学生的兴趣爱好，满足大学生在网络阅读中的多样化需求。此外，图书馆还可以与出版社和电子图书平台合作，提供大学生免费或优惠的电子书下载服务，使大学生可以在校园网范围内随时获取所需的电子书资源，方便大学生进行离线阅读。

第三，图书馆应积极开展网络阅读推广活动，如网络阅读展览、推介会、读书分享会等，邀请大学生参与。通过这些活动，大学生可以了解和分享网络阅读的经验、心得和推荐资源，激发他们的阅读兴趣，促进大学生之间的交流和互动。此外，图书馆还可以开展网络阅读主题的写作比赛、阅读挑战活动等，鼓励大学生通过网络阅读进行思考、创作和表达，提升他们的阅读能力和文学素养。

图书馆还可以利用现有的社交媒体平台，建立大学生网络阅读交流平台。通过创建专属的社群、论坛或微信公众号，大学生可以在这些平台上分享阅读心得、推荐好书、讨论学术话题，与其他对网络阅读感兴趣的同学交流互动。这样的交流平台不仅有助于大学生之间的互相学习和启发，也能够增进大学生与图书馆之间的联系和互动，共同营造积极向上、充满活力的网络阅读氛围。

5.完善馆员知识结构，做好服务向导

随着信息技术的迅猛发展和读者信息需求越来越多样化，图书馆馆员的角色也发生了明显变化。馆员不仅需要掌握综合学科知识，承担专业信息管理工作，还需要掌握计算机与网络技能，能够开展对网络信息资源的采集、整理和传播，承担指导大学生网络阅读的引导工作。因此，馆员在工作实践中应不断提升自身的综合素养，完善知识结构。特别要注重积极更新自己的知识结构，及时跟上网络技术发展的步伐。馆员应该持续学习和了解最新的网络阅读技巧、资源和平台，以便能够提供准确、及时的指导和帮助。馆员还应熟悉大学生的心理变化和现实需求，通过问卷调查、访谈等方式，及时了解大学生在网络阅读中的要求和存在的问题。在此基础上，馆员可以针对大学生的需求，开展针对性的培训和指导，帮助大学生掌握网络阅读的基本技巧和策略，提高他们的信息素养和阅读能力。

另外，馆员还可以为大学生提供个性化的咨询服务，根据大学生的具体需求，帮助他们选择适合的网络阅读资源和平台，解答相关问题，提供实用的技巧和建议。通过与大学生的密切沟通和交流，馆员可以更好地了解大学生的需求和困惑，为他们提供有针对性的帮助和支持。

三、高校图书馆改进读者服务的举措

（一）对高校图书馆的物质基础进行适当的完善

为了提高高校图书馆的读者服务质量，需要对其物质基础进行适当的完善。

第一，高校必须积极地为图书馆配备网络阅读设备，包括电脑、平板电脑和高速网络连接等。这些设备将为大学生提供便捷的网络阅读环境，让他们能够随时随地访问和阅读网络资源。图书馆应确保设备的数量足够，性能稳定，并定期更新和维护，以满足大学生的需求。

第二，高校图书馆要积极使用各种网络软件和搜索引擎，提高图书馆的服务信息化水平。通过建立和维护图书馆网站、微信公众号等在线平台，图书馆可以向大学生提供更多的服务信息，包括馆藏书目、电子资源、借阅规则、阅览室开放时间等。此外，图书馆还可以使用在线搜索引擎，帮助大学生更快地检索和获取所需的网络资源。

第三，高校图书馆要加强信息资源方面的建设，有效实现馆藏共享和数字化。通过与其他图书馆进行合作，共享馆藏资源，扩大图书馆的文献覆盖范围，满足大学生更广泛的学习和阅读需求。此外，图书馆还应加快数字化进程，将纸质文献转化为电子资源，提供在线阅读和下载服务。同时，图书馆应引进外国的先进数据库，积极研究适合本校特征的内部数据库，满足大学生对学术资源的需求。

这些措施的目的是提供更便捷、丰富的阅读资源和服务，提高图书馆的读者满意度和使用率。通过适当地完善高校图书馆的物质基础，可以为大学生提供更好的网络阅读体验，帮助他们更有效地获取知识和信息。

（二）加强馆员队伍建设，提升馆员的专业服务能力

高校图书馆馆员是直接为读者提供服务的重要人员，他们的专业素养和服务能力直接影响着读者的阅读体验和满意度。因此，加强馆员队伍建设，提升他们的专业服务能力至关重要。

第一，高校图书馆应招聘和培养具有专业背景和实践经验的馆员。招聘时应注重馆员的学科专业背景和专业技能，确保他们能够熟悉并掌握各类图书馆资源和服务工具。同时，图书馆应为馆员提供持续的专业培训和学习机会，更新他们的知识和技能，使其适应快速发展的信息时代需求。

第二，高校图书馆应建立健全绩效评估和激励机制，激发馆员的工作积极性和创造力。通过定期评估馆员的服务质量和工作表现，发现问题并及时进行改进。同时，可以设置奖励制度，对表现优秀的馆员给予嘉奖和晋升机会，激励他们提供更好的读者服务。

第三，高校图书馆应加强馆员间的交流和合作。组织馆员定期开展专题研讨会、培训班和经验交流活动，分享最佳实践和工作经验。这种交流和合作的机制可以帮助馆员不断提高专业水平，共同解决工作中遇到的问题，提高整体的服务质量。

通过加强馆员队伍建设，提升他们的专业服务能力，高校图书馆可以提供更专业、更贴心的读者服务，满足大学生在网络阅读方面的需求，推动图书馆的发展和进步。

（三）优化服务模式，提供个性化服务

高校图书馆应根据大学生的不同需求，优化服务模式，提供个性化服务。

第一，高校图书馆应提供个性化的咨询和指导服务。馆员可以根据大学生的需求和问题，提供针对性的咨询和解答，帮助大学生更好地利用网络资源进行阅读和学习。此外，图书馆还可以开展个性化的培训活动，帮助大学生提升

网络阅读技能和信息素养。

第二，高校图书馆可以推出个性化推荐服务。通过了解大学生的兴趣和阅读偏好，馆员可以向他们推荐适合的网络阅读资源，如电子书籍、学术论文、期刊文章等以帮助大学生更快地找到自己感兴趣的内容，提高阅读的效果和满足感。

第三，高校图书馆可以通过建立大学生意见反馈机制，听取大学生的建议和需求，及时调整和改进服务。可以定期开展大学生满意度调查，收集大学生的反馈意见，有针对性地改进不足之处，提供更加贴合大学生需求的网络阅读服务。

通过优化服务模式，提供个性化服务，高校图书馆可以更好地满足大学生的网络阅读需求，提供更加贴心和有效的服务。

（四）重视高校图书馆的精神文明建设

为了更好地提供读者服务，高校图书馆应重视精神文明建设，营造健康、和谐的阅读环境，促进大学生的全面发展和心灵成长。

首先，高校图书馆应提升图书馆工作人员的素质。图书馆工作人员是直接面对读者的服务人员，他们的素质和态度直接影响读者的阅读体验。因此，高校图书馆应加强对工作人员的培训，增强其专业知识水平和服务意识，使其能够熟悉网络阅读资源，了解大学生的阅读需求，积极引导大学生进行健康、积极的网络阅读。

其次，高校图书馆需要重视大学生的个性化要求。每个大学生的阅读兴趣和需求都有所不同，因此，图书馆应根据大学生的特点，开发一些个性化的读者服务措施。例如，可以设置个性化的阅读推荐系统，根据大学生的兴趣爱好和阅读历史，向他们推荐相关的网络阅读资源。此外，图书馆还可以开展主题讲座、读书分享会等活动，为大学生提供交流和分享的平台，激发他们的阅读兴趣和热情。

最后，高校图书馆应加强网络阅读技能教育。网络阅读与传统阅读有很大的差异，大学生需要掌握一些特定的技巧和方法，才能更好地进行网络阅读。因此，图书馆可以开设网络阅读技能培训课程，教授大学生如何有效搜索和筛选网络信息，如何评估信息的可信度和质量，以及如何合理使用和引用网络资源。通过这样的教育培训，大学生可以提升网络阅读能力，更加科学地利用网络资源进行学习和研究。

（五）加强高校图书馆的管理制度建设

为了更好地提供读者服务，高校图书馆应加强管理制度建设，确保服务的规范性和质量。

首先，高校图书馆应明确规定网络阅读的相关规范。图书馆应制定详细的网络阅读行为准则，明确大学生在进行网络阅读时应遵守的规范，包括遵守法律法规、尊重知识产权、保护个人隐私等。通过明确规范，引导大学生养成正确的网络阅读行为习惯，维护网络阅读环境的健康和秩序。

其次，高校图书馆应推广网络阅读。传统的阅读方式在满足大学生阅读需求方面已经不足以适应现代社会的发展需求。因此，高校图书馆应积极推广网络阅读，推动大学生更加重视网络阅读，善于利用网络资源进行学习和研究。可以通过开展网络阅读宣传活动、举办网络阅读比赛等方式，提高大学生对网络阅读的重视程度，激发他们的阅读兴趣和热情。

最后，高校图书馆应完善读者服务满意度的分析标准。了解读者的需求和满意度，对于改进图书馆的读者服务至关重要。高校图书馆可以定期开展读者满意度调查，收集大学生对图书馆阅读服务的看法和建议，倾听大学生的声音，及时调整和改进服务。通过有效的分析和反馈机制，图书馆可以更好地了解大学生的需求，提供更贴合大学生需求的网络阅读服务。

通过重视高校图书馆的精神文明建设和加强管理制度建设，可以提高图书馆的服务质量和读者满意度，为大学生提供更好的网络阅读环境和服务支持。这些举措将有助于培养大学生良好的网络阅读习惯，促进他们全面发展和成长。高校图书馆在网络阅读中扮演着重要的角色，应当以科学、人性化的服务理念，持续改进和创新，为大学生提供更加优质、便捷的网络阅读服务。

四、网络阅读文化环境下高校图书馆读者服务策略

高校图书馆应不断深化网络阅读文化，使其思想政治教育载体多元化。在不断深化网络阅读文化的过程中，要坚持最容易吸引读者、便于操作且具有图书馆特色的原则。

（一）不断完善网络，打造数字图书馆

随着科技的迅速发展，网络已成为人们生活中不可或缺的一部分。在这样的背景下，高校图书馆正在逐步发展成为网络资源的集中地，其中，数字图书馆的建设具有至关重要的作用。高校图书馆的使命不仅是提供书籍，更重要的是通过多种形式，引导和促进大学生的学习和发展。这就需要充分利用网络资源共享体系，打造一套集思想性、趣味性、服务性、知识性于一体的数字图书馆。

数字图书馆的建设，首先需要充分利用网络资源。局域网、校园网、中国知网等网络资源的整合，能够构建一个包含大量信息的巨大信息库，为大学生提供丰富的学习资料。数字图书馆不仅是书籍的电子化，更重要的是，它拓宽了读者的视野，提供了更为丰富的资源和学习工具，充分体现了高校图书馆在网络阅读文化深化中的积极作用。其次可以在数字图书馆平台上开展各种活动，如新书热点讨论、图书信息分享、学生自助工作在线等。这些活动的开展，无疑进一步推动了图书馆的理论学习，提供了更有力的支持。同时，也为大学生提供了交流和学习的机会，有利于培养他们的自学能力和创新思维。

数字图书馆的作用远不止于此。它还应该是一个思想政治教育平台。可以利用图书馆的微博、BBS、电子邮箱等载体，就大学生所关注的热点和焦点问题与大学生平等交流，同时在网站上开辟思想教育专栏。这样，不仅可以及时、准确地传递信息，还能做到互动交流，提高大学生的思想政治教育效果。更重要的是，这种方式能够发挥出网络文化的优势，让更多的大学生参与进来，实现校园文化的真正活跃和发展。

（二）丰富数字资源，建立特色数据库

在信息时代的洪流中，高校图书馆的功能正在经历一场革命性的变化。传统的纸质图书馆正在向数字化图书馆转型，图书馆的工作方式和读者的阅读习惯也随之发生了翻天覆地的变化。为了能充分发挥网络文化在高校图书馆教育功能中的重要作用，图书馆应当不断丰富数字资源、优化馆藏，并建立特色数据库。

首先，高校图书馆要不断丰富和优化其数字资源。在信息化社会，图书馆的任务不仅仅是收藏和提供传统的纸质图书，还需要搜集、整理和提供各类数字资源，包括电子书籍、电子期刊、数据库、多媒体资源等。丰富和优化数字

资源，可以为大学生提供更加全面、丰富和便捷的信息服务，同时能够提高图书馆服务的满意度和使用率。其次，高校图书馆要建立起特色数据库。特色数据库是图书馆的一种特色和优势。特色数据库不仅可以满足特定专业的教学和科研需求，也可以对大学生进行思想教育和素质培养。为了建立起这种具有先进性、独特性和完整性的特色数据库，各馆应该根据自身的馆藏资源优势、地域文化资源优势、读者需求以及专业特色优势进行资源整合和重组。例如，可以建立一些关于本地区历史文化、自然科学、社会科学等特定领域或者特定主题的数据库。

建立特色数据库并不是一件容易的事。这需要图书馆工作人员具有专业的知识和技能，如资源搜集、整理、分类、存储和检索等。同时，还需要具备一定的技术能力，如数据库设计和管理、网页设计和制作、网络技术和应用等。此外，为了确保数据库的质量和使用效果，还应定期对数据库进行评价和优化。

（三）实现网络创新，推出网络文化精品

高校图书馆需要强化其网络文化服务与产品的供给，提高网络文化行业的规模化和专业化水平。鼎力推动高级别文化信息的传播，致力于构建一批含有中国特色、彰显时代精神、崇尚高雅品位的网络文化品牌，借此推动网络文化发展，提升其滋养人心、熏陶情操、悦然养性的作用。积极推动重要民族网络文化项目的建设，实施全国图书馆文化信息资源共享计划、中国数字图书馆项目、国家资源数据库等网络文化工程。我国在传统文化网络化方面已取得了显著的突破与伟大成就。一大批卓越的传统文化网站如同春笋般快速崛起，以国学网、新浪国学频道、百度国学频道为例，这些优秀的传统文化网站在传承和创新我国传统文化方面已取得了鼓舞人心的成绩。图书馆应该大力支持和推动这类产品开发与网站建设，使一流的文化产品在传播过程中获得更大的社会效益，充分发掘图书馆网络文化的潜力。为进一步深化网络阅读文化，必须充分探索图书馆网络文化的需求，不断推动网络文化创新，不断推出富有创造力的优秀网络文化产品。众所周知，网络文化具有娱乐性，因此，网络文化和传统文化一样，既拥有阳春白雪般的高雅文化，也有下里巴人式的通俗文化。图书馆应提供更多更好的文化娱乐产品以提升网络文化的吸引力，通过增加网络文化产品的数量和提高其质量，持续提升读者的道德思想素质，从而实现娱乐与教育的完美结合。

第六章　高校图书馆鼓励文化创意的举措

第一节　文化创意产业

文化创意产业（Cultural and Creative Industries，简称CCI）是在全球经济一体化的大背景下兴起的以创新力为中心的新型产业。这一产业重视利用技术、创新思维和产业化手段将某种特定文化或文化元素转化为知识产权，并进行有效的开发和营销。CCI的主要领域包括广播电视、动画、音像制品、媒体、视觉艺术、表演艺术、工艺设计、雕塑、环境艺术、广告装饰、服装设计以及软件和计算机服务等。

近些年，我国政府积极鼓励文化创意产业的发展。例如，推出了"中国百佳文化创意产品"等相关举措，刺激了文化艺术市场的繁荣。同时，政府也加大了公共表演场所的建设力度，如建设了国家大剧院和798艺术区等重要文化场地。在继续发挥我国传统制造业优势的同时，更加重视文化创意产业的发展，力图在新的产业领域取得更大的成就。这种做法既能创新文化表现形式，又能进一步推动经济发展，为我国的持续繁荣作出贡献。

一、文化创意产业产生的背景

文化创意产业，主要建立在创新思维的基础上，将文化与知识元素融入产业链条，打造出全球普遍认可、易于传播、系统性强的产业。像是西方发达国家的价值观念，具有普世性和平等性，成为其产生深远影响力的重要因素。文化创意产业的崛起，有其深厚的历史背景。

首先，自工业革命以来，欧美等发达国家已经完成了工业化进程，经济结构开始向服务业和高附值制造业转型。在这个过程中，一些重工业和初级加工行业被转移到成本较低的发展中国家，使得西方国家的一些传统产业和城市逐渐衰落。这种经济结构的转型，使得这些国家对创新型产业，如文化创意产业的需求日益强烈。其次，20世纪60年代，欧美社会出现了大量社会运动，亚文化、流行文化、社会思潮等新的文化现象涌现，对工业社会的传统结构造成了深刻冲击。人们开始注重个性的差异，反对主流文化的统一，寻求个性的解放，多元文化得到了更广泛的认可。社会文化取向多样化和多元化，形成了一个有利于个人创新和创造力发挥的社会环境。最后，20世纪80年代以后，英国的撒切尔夫人和美国的里根上台后各自推行的经济政策更加倾向于鼓励私有化和市场竞争，企业和个人要求创新，产品和服务要求差异化才能在市场中占有一席之地。这样的政策环境，无疑大大推动了创意产业的发展。

在这种历史和社会背景下，文化创意产业在西方发达国家得到了快速的发展。在全球范围内，美国的文化创意产业发展最为成熟，其在美国国内生产总值（GDP）中所占比重也相当高。

以上这些因素，共同推动了文化创意产业的兴起和发展，使其成为现代经济社会的重要组成部分。随着社会进一步向信息化、数字化和全球化方向发展，文化创意产业也将展现出更大的潜力和价值。

一方面，信息化和数字化的发展为文化创意产业提供了新的生产和传播手段。互联网和各种数字技术的广泛应用，使文化创意产业从生产、流通到消费都发生了深刻变化。创新的数字技术如VR/AR、AI、大数据等，为文化创意产业带来了更大的想象空间和创新可能。例如，通过VR/AR技术，可以实现对文化遗产的全新呈现和体验；AI技术可以应用于音乐、艺术创作等领域，实现新的艺术形式和创作方式；大数据可以用于分析消费者的行为和市场趋势，从而为文化创意产品的定位和营销提供依据。另一方面，全球化的趋势为文化创意产业提供了更广阔的市场。随着跨国文化交流的加深，国际市场对于多元文化的需求也在持续增长。中国的文化创意产品，无论是影视作品、音乐、设计产品、游戏，还是动漫、文化遗产展示等，都有巨大的出口潜力和国际市场。这不仅可以为国内文化创意产业带来经济收益，也有助于提升中国的国际影响力，推广中国文化。

面对信息化、数字化和全球化带来的机遇，文化创意产业也需要应对新的挑战。如何保护创新成果的知识产权，如何培养和吸引创新型人才，如何适应数字化和全球化带来的市场变化，都是需要深思的问题。此外，如何在全球化背景下，保持和弘扬本国的文化特色和价值观，也是文化创意产业需要考虑的重要问题。

二、文化创意产业的发展

虽然中国拥有源远流长的历史和丰富的文化资源，但在将文化资源产业化，进行有效推广方面，却显得欠缺力度。在我国，对于"软实力"的理解并未深入到位。常常一谈到"软实力"，人们首先想到的便是如何销售电影、书籍等文化产品，却忽视了"软实力"的最核心要素 —— 有吸引力的价值观。实际上，真正具有吸引力的并非一些象征性的物品，如红灯笼，而是潜藏其背后的价值观。此外，科技能力也是国家软实力的重要组成部分，这是美国在全球软实力中占据优势地位的重要因素。中国想要在这个方面赶超美国，无疑还需要经历一个长期的调整和发展过程。

在当今世界，创意产业已经不再仅仅是一个理念，而是直接带来巨大经济效益的现实存在。约翰·霍金斯（John Howkins）在其著作《创意经济》一书中指出，全世界的创意经济每天创造 220 亿美元，并以 5% 的速度持续增长。某些国家的增长速度甚至更快，如美国达到 14%，英国为 12%。对于"文化产业"或"文化创意产业"这个话题的讨论非常活跃，但大部分的讨论还停留在概念层面。

关于"文化创意产业"或"文化产业"的具体含义，国内学界提出了不同的见解和理解。有人认为，文化产业的主要目标是创造出一些能吸引人们关注的文化产品，如电视节目、影像制品等，因此他们将其称为"眼球经济"。有人则认为，文化创意产业的竞争主要围绕如何争夺观众的注意力，根据观众的注意力提供各种经济附加值服务，因此他们将其称为"注意力经济"。还有人从中国汽车数量急剧增长带来的交通广播节目盈利模式出发，提出了"耳朵经济"的概念。然而，这些说法都没有触及文化创意产业的核心本质。

在发达国家，无论是被称为"文化产业"还是"文化创意产业"，这个行业的发展历史相当漫长。例如，英国和韩国习惯于将其称为"文化创意产业"，而欧洲的其他国家则有的将其称为"文化产业"。美国并没有"文化创意产业"的概念。作为一个高度法治化的国家，美国所有创新产物都具有知识产权，包括绘画、歌曲、舞蹈、电视节目、广播节目等，未经授权，其他人不能复制或抄袭。因此，他们通常将涉及知识产权的行业称为"版权产业"。可见，即便在发达国家，对于文化创意产业的称谓也并不完全统一。

因此，需要从全球角度去理解和接纳文化创意产业，不能仅局限在本国的观念和理解中。要知道，文化创意产业的价值并非仅在于创造的经济效益，更重要的是价值观的影响，它在塑造社会文化环境，推动社会进步，甚至影响国家的国际形象和地位等方面都发挥着重要作用。因此，应该从更广阔的视角、更深入的层面，去理解和发展文化创意产业，以期能够在这个全球化的时代中，更好地展示中国的文化魅力和国家软实力。

三、文化创意产业的特征

在全球经济中，文化创意产业的地位日益提升，逐渐成为推动社会经济发展的重要引擎。这个新兴行业的核心特质在于其创新性和科技性，这两个要素塑造了文化创意产业的特殊价值并驱动了其发展。

（一）创新性

创新性是文化创意产业的基本标识，意味着该行业以独特的文化创意理念为中心，倡导创新的生产和营销方式。在这个行业中，创新并不仅仅意味着新的想法或者新的产品，更代表了一种新的思维方式、生产方式和营销方式。通过人的创新能力和创造性思维，知识和创新理念被转化为具有商业价值的产品和服务，从而创造了新的经济价值。这种创新性在整个文化创意产业链的运作中贯彻始终，具有不可替代性。

（二）科技性

科技性是文化创意产业的另一个重要特点。在文化创意产业的发展过程中，高知识性、高科技性在产业价值链中发挥着至关重要的作用。现代信息技术、通信技术、自动化技术等都与文化创意产业的发展密切相关，推动其不断向前发展。高科技为文化创意产业的产品开发和营销提供了强大的支持，同时扩展了创意产品的表现形式。而文化创意产业也为高科技提供了新的应用场景，丰富了科技内容。例如，电影、电视等创意产品的创作和制作，往往需要与光电技术、计算机仿真技术、传媒技术等紧密结合，高科技的使用为文化创意产品的制作和传播提供了新的可能。

（三）强融合性

强融合性是文化创意产业的一个显著特点。作为一种全新的产业形态，文化创意产业深度融合了经济、文化、技术等各个领域，展现出极高的融合性、广泛的渗透力和强大的辐射效应。文化创意产业富含深厚的文化内涵，能够在各种维度与其他产业实现深度交融，为各种新兴产业及其相关产业的发展营造有利的环境。得益于自身的强融合性，文化创意产业不仅可以开拓自身的销售途径，也能够刺激相关产业的发展，从而整体推进区域经济的发展。

（四）高风险性

文化创意产业也具有很高的风险性。首先，文化需求的多层次、多变性和不确定性导致了文化创意市场的不稳定性，从而加大了文化创意产业的风险。其次，文化创意产业也面临着激烈的国际市场竞争。在全球化的大背景下，发达国家试图通过文化输出来影响和改变欠发达国家，以争夺文化市场的主导权。这使得文化创意产业成为各国竞相发展的主要产业，竞争的激烈程度可见一斑。最后，文化创意产业的高风险性还源于文化创意产品的时效性和局限性。文化创意产品的传播速度极快，而全球的时空压缩现象使这种产品在一定程度上有限制性和短暂性，这也使得文化创意产业必须面临新产品研发所带来的风险。

四、文化创意产业的内容

在文化创意产业中，核心的元素就是"创造力"。这个产业的基础在于充分发掘和利用人类的创造力。"创造力"或"创意"指的是产出新事物的能力，这些新事物必须具备独特性、原创性以及意义性。在强调"内容为王"的时代，无论是传统的电视影像产品，还是新兴的数码动漫产业，都离不开优质产品的支撑，而这些优质产品正源自人类丰富的创造力。因此，文化创意产业在本质上是"创意经济"，其核心竞争力来自人的创造力。由原创激发的"差异性"和"个性化"构成了"文化创意产业"的基础和生命力。

"创意"或"创造力"主要包括两个方面。第一，"原创"，指的是完全由创造者自己创造的新事物，如中国的京剧、昆曲、武术等都是原创的。第二，"创新"，它虽然源自他人的创造，但是通过进一步的改造，形成新的事物，给人们带来新的感触。例如，《卧虎藏龙》是一部使用西方艺术表达方式来诠释中国故事的电影，这是创新，而非原创。广州军区杂技团以杂技的形式重新演绎了西方经典芭蕾舞剧《天鹅湖》，引起了外国观众的惊叹，甚至《纽约时报》还为此制作了短片放在其网站上，引起了巨大的反响。这种形式虽然不是原创，但是却是一种创新，体现了出色的创造力。

迪士尼集团不仅生产和发行了《米老鼠与唐老鸭》动画片，还将这些卡通形象转化为玩具、服装，并创建了迪士尼主题公园。人的创造力是无穷无尽的，实现创造力的方式也是多种多样的。迪士尼的许可产品一年全球零售额达到1120亿美元，其中290亿美元来自娱乐人物形象的各类产品，包括玩具、服装、电影还有动画片等。中国广电行业2004年全年总收入为100多亿美元，而美国时代华纳集团2004年的年收入为440亿美元，是中国广电行业的四倍。

五、文化创意产业的发展层次

中国的文化创意产业有多个层次，根据各层次在产值、经济总量以及发展速度上的差异，将其划分为三个层次。

第一个层次，是以旅游为主导的文化产业发展模式。这种模式初级而简单，门槛低，易于入门。由于它依赖于本地资源，管理和操作都相对容易掌控，初步所需的资金也不多。因此，中国各地，尤其是西部和中部城市，往往首选这种以旅游或称为人文旅游的方式，去发展其文化产业。

第二个层次，是在我国各地占据主导地位的文化产业发展模式。这一模式主要应用于一些国有的广电集团、电影集团、广播电视集团、新闻出版集团、演出集团等。在国家层面上，有中演集团、中国电影公司、中国广电集团等。

除了一些东部省份外，这些产业在文化产业总量上占据着非常重要的地位。这些产业的特点在于：是国有化的；在发展过程中不需要第一桶金，因为资产是划拨式的；有一些国有的、垄断的资源。

由于这些资源的存在，其他人在设立电视台、广播电台、出版社、对外演出公司等方面，都会遇到相当多的限制。这个层次的文化产业，从总量上看，占据了主导地位，是文化体制改革成功的产物。然而，由于它们在过去是国有的文化单位、事业单位，因此当前仍然承担着一些沉重的负担。

第三个层次，东部的一些地区以及西部和中部的一些省份，已经开始意识到，文化产业发展的高端形态是创意产业。创意产业的特征是以高科技为支撑，以全球化为背景。这个产业的发展需要利用现代金融制度的一些手段，包括投融资的方式、上市的方式，都是国际化的。在发展过程中，创意产业以全球的需求为目标，旨在解决中国文化"走出去"的一系列问题。这个层次的文化产业，体现了文化产业中的高端形态，是我国产业转型的真正目标。一些大型的企业，如腾讯、阿里巴巴、新浪、百度、网易、搜狐以及优酷、当当等，都是这个层次的典型代表。这个产业是通过利用现代投融资的方式、上市的方式获得国际化的背景，运用天使基金的方式、风险投资的方式迅速壮大的，这些都跟过去有所不同。

第二节　高校图书馆鼓励文化创意的优势与意义

一、高校图书馆开展文化创意工作的优势

（一）馆藏资源丰富，有利于文献资源的查找

在世界各地，高校图书馆是文献资源的重要仓库。它们通过大量收藏各类设计资料，如纸质设计类图集、图册、电子期刊、电子图书等，为师生提供了丰富的学习和研究资源。这些资源不仅涉及各个设计领域，如美术学、设计学、艺术理论等，还具有深度和专业性，能满足师生深入研究的需求。高校图书馆的馆藏资源丰富，使得师生在进行文献查找时能有更多的选择，能更容易

找到他们需要的信息和资料。以西安美术学院图书馆为例，其馆藏的美术专业文献约占馆藏文献总量的70%，构成了以美术学、设计学、艺术理论等学科为主的藏书体系。该馆还购置了丰富的数字资源，如电子图书、电子期刊以及与美术专业相关的全文数据库和图片数据库。这些资源充足且专业性强，能够满足师生在学习和研究过程中对美术和设计的多样化需求。

同时，图书馆还可以充分利用自身的特色馆藏和专业资源，建设一些特色数据库，如历代绘画数据库、文物精品数据库、民间艺术品数据库等。这些数据库不仅能提供更深入、更专业的研究资料，还能保护和传承文化遗产。而对于建筑学、设计学等其他设计专业来说，西安建筑科技大学图书馆的例子也表明，高校图书馆能够提供丰富的纸质资源和电子资源，还能开通专业的全文数据库。这种资源丰富和专业性强的特点，使高校图书馆在支持师生进行文献查找、创作研究等方面起到了重要的作用。

（二）能提供创作空间，鼓励师生使用空间资源

高校图书馆在提供丰富的资源的同时，也提供了一个鼓励创作和交流的环境。现代图书馆已经从传统的阅览室转变为以学习和交流为主的知识中心。他们普遍开设了各种各样的学习空间，如研究空间、交流空间和创新空间。这些空间是开放的，师生可以自由使用。学生可以在空间中进行交流、研讨，甚至进行协作。这样的环境对于培养师生的创新思维、鼓励他们进行创新实践有着重要的作用。

具体来说，这些创新空间能够提供给师生一个舒适、安静的学习环境，他们可以在这里安心学习，也可以进行深入的研究。这样的环境对于培养师生的创新思维、鼓励他们进行创新实践有着重要的作用。此外，这些空间内还有一些特殊的设备和设施，如高速网络、多媒体设备、3D打印机等。这些设备和设施能够支持师生进行各种各样的创新实践，如创新设计、创新制作等。例如，师生可以利用3D打印机制作设计模型，可以利用多媒体设备展示设计作品，也可以利用高速网络查找需要的资料、交流设计想法等。

（三）能开展文创活动，为创作者提供平台

除了提供丰富的资源和舒适的空间，高校图书馆还会积极组织开展各种文创活动，为师生提供一个展示才华、交流思想的平台。这些活动不仅能够展现师生的才华，也能够扩大图书馆的影响力，促进校园文化的传播。

这些活动的形式多样，包括文创作品征集、文创作品展示、文创作品研讨等。这些活动都是开放的，所有的师生都可以参加。通过参加活动，师生有机会展示他们的才华，分享他们的创新成果，也可以了解其他人的创新想法，从中得到启发和鼓舞。例如，图书馆可能会组织一次文创作品征集活动，所有的师生都可以提交作品。这些作品会被展示在图书馆的展示空间中，师生们可以来参观，也可以进行评价和评论。这样的活动既能够展示师生的才华，也能够让创作者收到其他人的反馈，从而提升他们的创新能力和创新精神。

（四）能为校园文创作品提供展示空间

在很多高校图书馆中，都设有专门的展示空间，用于展示师生的文创作品。这些展示空间是开放的，所有的师生都可以来参观。这些展示空间不仅能够展示师生的才华，也能够让其他的师生了解和关注这些文创作品。例如，西安建筑科技大学图书馆的学术文库就设有一个展示空间，专门用于展示师生的文创作品。这些作品包括扇子、钱包、荷包、手帕等，都是师生自己设计和制作的。这些作品都具有强烈的地方特色，展示了师生的创新能力和创新精神。

通过展示这些作品，图书馆不仅能够展示师生的才华，也能够推广和传播本地的文化。同时，这些展示活动也能够鼓励其他的师生进行创新实践，提高师生的创新能力和创新精神。

二、高校图书馆鼓励文化创意的理论意义

（一）鼓励文化创意，可以改变高校图书馆的传统角色

在传统的视角中，图书馆被看作一个静态的知识仓库，其主要功能是收集、保存和提供书籍和其他学术资料。然而，随着信息技术的不断发展和社会的进步，图书馆的角色正在经历深刻的变化。图书馆不再仅仅是提供知识的场所，而是转变为学习和研究的活动中心，成为推动创新文化和学术研究的重要力量。

在这个过程中，图书馆的角色逐渐从被动的信息提供者转变为主动的学习推动者。图书馆通过提供各种学习资源，鼓励大学生开展自主学习，推动他们培养创新思维和解决问题的能力。此外，图书馆也在积极地寻找和开发新的服务模式和工具，以更好地满足大学生和教师的需求。从这个角度看，图书

馆已经成为学习和研究的引擎，对推动学术研究和创新文化的发展起到了关键作用。

（二）鼓励文化创意，可以促进大学生创新能力的培养

高校图书馆在培养大学生的创新能力方面起到了重要的作用。文化创意，作为新知识和新思想的源泉，是驱动社会发展和个人成长的关键因素。在高校图书馆中，大学生可以通过阅读和研究各种学术资源，开展跨学科的学习和研究，培养他们的创新思维和创新能力。

在理论上，图书馆是一个开放的学习环境，它提供了各种资源和服务，帮助大学生开展自主学习，发挥他们的潜力和创新能力。此外，图书馆还可以通过组织各种活动和项目，如创新研讨会、创新竞赛、创新工作坊等，鼓励大学生参与，进一步激发他们的创新思维和创新能力。通过这些方式，图书馆在理论和实践中都起到了培养大学生创新能力的作用。

（三）鼓励文化创意，可以推动学校社团交流

高校图书馆也是校园社团的交流中心。作为学校的重要组成部分，图书馆在推动学校社团的交流和合作中发挥了重要的作用。图书馆提供了一个公共的学习和交流空间，让大学生、教师和校友有机会分享他们的知识和经验，促进知识和文化的传播和交流。

图书馆可以通过举办各种活动，如讲座、研讨会、展览等，为社团成员提供交流的平台，激发他们的创新思维和学习热情。这些活动不仅可以帮助大学生深化他们的学习和研究，还可以弘扬校园的创新文化，营造开放、包容和创新的校园氛围。从这个角度看，图书馆在推动社团交流和文化创新方面，具有重要的理论意义和实践价值。

三、高校图书馆鼓励文化创意的实践意义

（一）提供创新设施和资源，可以提升大学生的创新实践能力

在实践层面，高校图书馆通过提供创新设施和资源，鼓励和支持大学生进行文化创新实践。图书馆可以设置创新工作室、创新实验室等空间，提供高科技设备，如 3D 打印机、虚拟现实设备等，使大学生有机会使用这些设备，将

创新思维转化为实际成果。此外，图书馆可以收集并提供各种关于创新和创意的学术资源，帮助大学生了解最新的研究动态，获取创新灵感。

为了更好地支持大学生的创新实践，图书馆还可以举办各种创新活动和比赛，如创新设计大赛、创新创业比赛等，鼓励大学生将他们的创新思维付诸实践。这些活动不仅可以帮助大学生提升他们的创新能力，还可以让他们有机会展示自己的成果，得到反馈和建议，提升自己的创新实践能力。

图书馆可以通过与其他学校或机构合作，为大学生提供更多的创新实践机会。例如，图书馆可以与企业合作，为大学生提供实习或项目合作的机会，让他们在真实的工作环境中实践自己的创新思维和技能。通过这些方式，图书馆可以成为支持和推动大学生创新实践的重要平台。

（二）提供创新培训与指导，可以提升大学生的创新能力

除了提供创新设施和资源，高校图书馆还可以提供专门的创新培训和指导，帮助大学生提升他们的创新能力。高校图书馆可以举办创新研讨会、创新讲座等活动，邀请知名的创新专家和学者分享他们的经验和知识，帮助大学生了解创新的理念和方法。

高校图书馆可以提供各种关于有关创新和创意的课程，如创新思维课程、创新设计课程等，通过系统地学习，帮助大学生掌握创新的理论知识和实践技能。高校图书馆也可以提供一对一的创新指导，为大学生解答在创新实践中遇到的问题，提供具体的建议和指导。高校图书馆还可以提供关于创新产业的信息和资源，如版权知识、创新产业的法律和规则等，帮助大学生了解创新产业的运作方式，为他们的创新实践提供指导。通过培训和指导，高校图书馆可以帮助大学生提升创新能力，更好地实践创新思维。

（三）创新环境，可以激发大学生的创新热情

高校图书馆通过营造一个鼓励创新、容忍失败并支持迭代思考的环境，鼓励大学生进行创新实践。这种环境充满了鼓励和支持，使大学生不怕失败，敢于尝试新的想法和方法，敢于挑战自己的极限。

在这种环境中，大学生可以自由地表达自己的想法，分享自己的创新成果，得到其他人的反馈和建议。他们可以通过反复地尝试和改进，逐步提高自身的创新能力，实现自己的创新目标。图书馆还可以通过展示大学生的创新成果，鼓励和激励其他大学生进行创新实践。这种展示不仅可以让大学生得到认

可，也可以让其他大学生看到创新的可能性，激发他们的创新热情。

第三节　高校图书馆文化创意产品的开发与创新策略

一、构建文创工作体系

在高校图书馆的文化创意工作体系的构建中，首要的一步就是明确其目标。目标是推动行动的关键，只有明确了目标，才能更有针对性地进行工作。首先，高校图书馆需要深入了解其目标市场，包括市场的大小、市场的竞争状态、市场的发展趋势等。对目标市场有了深入的了解之后，高校图书馆就可以根据市场的特性进行产品的创新设计。其次，高校图书馆需要明确其目标用户群体，这包括用户的年龄、性别、职业、教育程度、兴趣爱好等。通过了解目标用户群体，高校图书馆可以设计出更符合用户需求的产品。在明确目标的过程中，高校图书馆需要不断地进行市场研究和用户研究，以便更准确地把握市场和用户的需求。

在构建文创工作体系的过程中，另一项关键任务是组建专门的创新团队。创新团队是驱动创新工作的重要力量。高校图书馆的创新团队应该包括各类专业人才，如设计师、开发人员、生产人员、销售人员等。这些人才可以从各自的专业角度为产品的创新贡献力量。设计师负责产品的设计，他们需要具有丰富的设计经验和敏锐的审美观念，能够设计出吸引用户的产品。开发人员负责产品的开发，他们需要具有扎实的专业技能，能够将设计转化为实际的产品。生产人员负责产品的生产，他们需要掌握生产工艺，保证产品的质量。销售人员负责产品的销售，他们需要了解市场和用户，能够有效地推广产品。

在构建文创工作体系的过程中，还需要建立一套完善的管理和监控系统。管理和监控系统是保证文创工作有效进行和创新产品质量的重要工具。高校图书馆需要制定出详细的工作流程，并通过管理和监控系统进行跟踪和监控。例如，可以建立项目管理系统，用于管理创新项目的各个阶段，包括设计阶段、开发阶段、生产阶段、销售阶段等。此外，还可以设立质量管理系统，用于监控产品的质量。通过管理和监控系统，高校图书馆可以及时发现问题，快速解决问题，确保文创工作的顺利进行和产品的质量。

二、整合文创团队

在整合高校图书馆的文创团队方面，首要的一步是明确团队的结构和职责，确定各个成员的工作内容和分工。团队的结构应该按照工作流程和项目需求来设计，确保每个环节都有专门的人员负责。例如，产品设计环节需要有专业的设计师，产品开发环节需要有专业的开发人员，产品销售环节需要有专业的销售人员。明确团队成员的职责和分工，可以让每个人都清楚需要完成的工作，有助于提高工作效率和质量。此外，团队的分工也需要考虑成员的专业技能和个人特长，将他们放在最能发挥其专业技能和个人特长的位置，使团队更好地发挥其整体效能。

当团队的结构和职责得到明确之后，高校图书馆需要提供足够的培训和指导，帮助团队成员提升创新能力和专业技能。培训和指导是提高团队成员的能力和团队整体水平的重要方式。高校图书馆可以通过组织内部培训、邀请外部专家举办讲座、提供在线课程等方式，提供给团队成员丰富的学习资源。这些培训和指导的内容可以涵盖创新思维、设计技巧、开发技术、销售策略等方面，旨在提高团队成员的全面能力。通过培训和指导，团队成员不仅可以提升自己的专业技能，也可以获得新的知识和信息，从而提高自己的创新能力。

在整合文创团队的过程中，建设一种积极、开放和创新的团队文化是非常重要的。团队文化不仅能影响团队成员的工作态度和工作效率，更能影响团队的创新能力。在积极的团队文化影响下，团队成员会愿意积极参与工作，愿意承担责任，愿意与其他成员协作。在开放的团队文化影响下，团队成员将愿意接受新的想法和建议，愿意分享自己的知识和经验。在创新的团队文化影响下，团队成员会被鼓励去挑战传统，去尝试新的可能。

三、发掘创意素材，创新设计理念

（一）发掘高校图书馆特色资源

高校图书馆是一个知识宝库，其藏书和各类资料可以说是学术研究和创新设计的宝贵资源。无论是人文社科、理工科学、艺术设计，还是其他的专业领域，图书馆都拥有丰富的藏书和资料，涵盖各个学科领域。这些专业知识和资料，不仅可以为创新设计提供理论基础和指导思路，还可以为设计师提供丰富的灵感来源。通过深入发掘和分析这些资源，设计师可以发现新的创新点，设计出更有深度和广度的创新产品。

图书馆还会举办各种文化活动和学术活动，如讲座、展览、研讨会等，这些活动中蕴藏着丰富的文化信息和学术信息，也是重要的创新素材。例如，通过参与讲座和研讨会，设计师可以接触到最新的学术观点和研究成果，了解到当前的热点问题和发展趋势，从而获得创新思路；通过观看展览，设计师可以接触到各种艺术作品和文化遗产，获得艺术灵感，感受文化内涵。

（二）结合校园文化元素

校园文化是高校的魂，是校园生活的精神支柱。它包括学校的历史传统、学术精神、校园风景、大学生活动等多个方面，每一种元素都蕴含着丰富的文化内涵和社会价值。这些元素可以被设计师用来丰富和深化创新设计，使设计产品更具有文化内涵和社会价值。

例如，学校的历史传统是学校文化的重要组成部分，它反映了学校的发展历程和文化积淀。设计师可以通过发掘和研究学校的历史传统，设计出具有历史文化韵味的创新产品。学术精神是高校的核心价值，体现了学校的学术氛围和学术追求。设计师可以通过引入学术精神，设计出具有学术气质的创新产品。校园风景是学校的视觉符号，展示了学校的环境美学和生态价值。设计师可以通过参考校园风景，设计出具有美学价值的创新产品。大学生活动是学校文化的活动体现，表现了大学生的创新精神和社会责任。设计师可以通过关注大学生活动，设计出具有活力和创新性的创新产品。

四、丰富产品类型，形成品牌效应

（一）策划多种类型的文创产品

在高校图书馆中，文化创意产品是一个重要的创新载体，可以通过创新设计和创新理念，满足用户的不同需求，增强用户的使用体验。为了满足不同用户的需求，高校图书馆应策划多种类型的文创产品，包括书籍、文具、装饰品、纪念品等。

　　书籍是图书馆的核心资源，也是文创产品的重要类型。通过设计各种主题的图书，如专业知识图书、学术研究图书、艺术设计图书等，可以满足用户的知识需求，增强用户的学习体验。

　　文具是日常生活中的重要用品，也是文创产品的重要类型。通过设计各种样式的文具，如笔记本、书签、笔筒等，可以满足用户的办公需求，提高用户的使用体验。

　　装饰品是生活空间中的重要元素，也是文创产品的重要类型。通过设计各种主题的装饰品，如画册、摆件、海报等，可以满足用户的装饰需求，增强用户的生活品质。

　　纪念品是纪念活动中的重要载体，也是文创产品的重要类型。通过设计各种主题的纪念品，如徽章、钥匙扣、纪念册等，可以满足用户的纪念需求，增强用户的情感体验。

（二）文创产品需要突出特色

　　在竞争激烈的市场环境下，文化创意产品需要突出其特色，以吸引用户的注意，赢得用户的喜爱。需要从以下三个方面进行考虑。

　　1.文化价值、审美价值、实用价值及收藏价值

　　高校图书馆的文化创意产品，应该具有丰富的文化价值，可以传承和传播文化；应该具有较高的审美价值，可以提供审美体验；应该具有实际的实用价值，可以满足用户的实际需求；应该具有一定的收藏价值，可以作为收藏品。这些价值是产品吸引力的重要来源，是产品销售的重要驱动力。

　　2.审美性、实用性、特色性的统一

　　在设计文化创意产品时，应该把握审美性、实用性和特色性的统一。审美性是产品的美学标准，体现在产品的形式美、色彩美、比例美等方面；实用性是产品的功能标准，体现在产品的功能性、便捷性、舒适性等方面；特色性是产品的个性标准，体现在产品的主题、风格、意境等方面。这三者的统一，是产品设计的重要原则，是产品品质的重要保证。

　　3.新技术、新工艺、新理念的统一

　　在开发文化创意产品时，应该把握新技术、新工艺、新理念的统一。新技术是产品的技术基础，包括材料技术、生产技术、应用技术等；新工艺是产品

的工艺基础，包括设计工艺、制作工艺、装配工艺等；新理念是产品的创新动力，包括创新理念、设计理念、营销理念等。这三者的统一，是产品创新的重要动力，是产品竞争力的重要源泉。

五、进行广泛宣传推广

（一）通过新媒体进行宣传

新媒体是现代社会传播信息的重要渠道，包括社交媒体、网络媒体、移动媒体等。在宣传高校图书馆的文化创意产品时，通过新媒体进行推广是非常有效的。

1.利用新媒体巨大的传播覆盖面进行文创产品的宣传

无论是社交媒体，如微信、微博，还是网络媒体如各种新闻网站，或者是移动媒体如手机应用等，都有着广泛的用户群体，可以快速地向大量用户传播产品信息。

2.利用新媒体丰富的传播形式进行文创产品的宣传

可以通过文字、图片、视频、直播等多种形式，展示文化创意产品的特色和优点，让用户从多角度、多层面了解产品。例如，可以通过视频展示产品的使用场景，通过直播展示产品的制作过程，通过图片和文字介绍产品的设计理念和使用方法等。

3.利用新媒体强大的互动功能进行文创产品的宣传

可以通过用户评论、点赞、分享等方式，增强用户的参与感，提高用户的关注度，加强用户与产品的情感连接。同时，也可以通过用户的反馈，了解产品的优点和不足，进行产品的优化和改进。

4.利用新媒体灵活地推广策略进行文创产品的宣传

可以根据产品的特点和用户的需求，采取不同的推广策略。例如，通过搜索引擎优化和社交媒体营销，提高产品的在线曝光度和搜索排名；通过内容营销和用户生成内容，提供有价值的内容，吸引用户的关注，鼓励用户进行分享。

（二）定期宣传与活动宣传

定期宣传和活动宣传是宣传高校图书馆文化创意产品的另外两种重要方式。定期宣传是指按照一定的时间和频率，定期发布产品信息。这种宣传方式可以保持产品的新鲜度，持续吸引用户的关注。例如，可以每周、每月或每季度发布一次新产品信息，让用户了解最新的产品动态。活动宣传则是指通过组织各种活动，吸引用户的参与，提高产品的知名度和影响力。例如，可以举办新产品发布会，让用户第一时间了解新产品的特点和优势；可以举办产品展览会，让用户亲自观看和体验产品；可以举办产品体验会，让用户试用产品，感受产品的实用性和优质性。

第七章　高校图书馆参与社区公共文化服务的传承与创新

第一节　社区公共文化服务建设

随着我国经济体制从计划经济向社会主义市场经济转型，社会管理体制和整体结构也在发生变化。《关于加强和创新社会管理的意见》于 2011 年 7 月发布，提出了加强和创新社会管理的重要性，同时推动了街道办事处的取消和新型社区的组建。这已成为不可逆转的趋势。人们的依附点逐渐从过去的单位转移到了社区，社区成为实现社会整合功能的基本单位。作为公共文化服务的重要组成部分，社区在提高社区居民的文化素质、弘扬社会主义核心价值观、增强社区凝聚力以及塑造良好的社会风气等方面发挥着日益重要的作用。

一、社区公共文化服务的含义

我国政府在 20 世纪 70 年代中期就开始在城市社区广泛开展群众宣传和文化活动。为了满足人民日益增长的精神文化需求，每个街镇都设立了文化站、文化中心等机构，负责开展群众文化活动，承担着提供社区公共文化服务的责任。随着经济社会的进一步发展和人们对精神文化的需求迅速增长，社区公共文化服务水平成为衡量地区现代化、城市化发展水平以及地区文明程度的重要指标。

在介绍社区公共文化服务之前，先介绍社区。人类社会是一个复杂的系统，由无数的小环节组成。这些小环节，也就是"社区"，是人类生活的基本单元。社区，从字面上理解，是指有共同生活或工作的人群所形成的固定群体，它们分布在一定的地理区域内。随着人类社会的发展和演变，社区的形态也在不断地发生变化。农业社会中的村庄是社区的最早形态，它由一群农耕生活的人群所组成，他们居住在同一个地区，共享同样的资源，共同劳动，共同生活。随着人类社会的进步，城镇社区开始出现。与村庄社区相比，城镇社区的经济基础更为复杂，文化生活也更为丰富。然而，工业革命以后，都市化的进程使城市社区的数量迅速增多，规模不断扩大，出现了大城市社区、大都会社区，经济基础和结构功能都发生了显著变化。

现代社区通常具有自治性，通过民主选举形成基层自治组织，保持自我管理、自我教育、自我服务的特性。它不仅是居民日常生活的场所，更是他们实现个体价值、提升生活品质、实现自我提升的空间。在社区中，文化服务起着至关重要的作用。社区公共文化服务是社区文化建设中的一个重要环节，提供多种形式的文化活动，使居民可以互相交流、互动，从而增进彼此之间的理解，形成邻里间的情感联系，增强居民的社区归属感、认同感和责任感，进而促进社区的和谐与稳定。

社区公共文化服务的形式多种多样，可以举办各种文化活动，如音乐会、戏剧表演、讲座、展览等；也可以建设公共文化设施，如公园、图书馆、文化活动中心等；还可以提供文化教育服务，如成人教育、儿童教育、艺术教育等。这些服务不仅可以丰富居民的文化生活，提高他们的生活质量，还可以增强社区的凝聚力，促进社区的发展。

社区公共文化服务是社区公共服务的重要组成部分，其目的是为了丰富社区居民的业余文化生活，满足社区居民的基本精神需求，提高社区居民的文明素养，为社区营造和谐的环境氛围。社区公共文化服务是在政府的统一规划下，依托社区文化活动中心以及社区内的街心公园、空地、文化休闲广场等社区公共文化设施，向社区居民提供的文化服务活动。作为城市公共文化服务的基础，相比于其他公共文化机构的文化服务，社区公共文化服务的内容更贴近群众心理需求和生活实际，能更好地满足大众层次多样的文化需求。

二、社区公共文化服务的特征

（一）公益性

公益性在社区公共文化服务中占有非常重要的地位。其核心含义在于满足广大公众的公共文化权益，满足公众的共同利益，而不以追求经济利益为目标。这是因为社区公共文化服务是公共福利的一部分，旨在满足社区成员对于公共文化的需求，同时改善社区的文化氛围。追求公益性也体现了社区公共文化服务的责任，即对全体社区成员的公共利益负责。这种公益性是通过满足社区成员的公共文化需求，提升社区的整体福祉，弥补市场在文化服务方面的不足，从而推动社区文化的健康发展。

（二）公平性

公平性在社区公共文化服务中的体现，不仅在于赋予每个社区成员平等的机会享受文化服务，更在于公平地满足他们的个性化需求。社区内的每个成员，无论是大学生、教师、工人、企业家、老年人还是新移民，他们都有自己独特的文化需求和价值观，公平性要求公共文化服务尽可能地满足他们的个性化需求。

公平性在社区公共文化服务中的实现，关键在于克服社区内部的社会阶级、教育背景、年龄、性别、职业等因素带来的差异，以公平、公正的态度对待每一个社区成员。在实际操作中，这需要政府在资源配置、政策制定、服务提供等环节中秉持公平原则，对所有社区成员一视同仁。例如，在资源配置方面，政府应当根据各类社区成员的需求，合理分配公共文化资源，避免资源过度集中或者过度分散。在政策制定方面，政府需要充分听取社区成员的意见和建议，确保政策的公平性和公正性。在服务提供方面，社区公共文化服务机构应当提供各类服务，满足社区成员的不同需求，包括基本服务和特色服务。更重要的是，公平性还要求政府和社区公共文化服务机构充分尊重社区成员的文化多样性，尽可能提供多样化的公共文化服务，满足社区成员的多样化需求。这不仅包括提供各类传统文化和现代文化的服务，还包括对特殊群体如残障人士、老年人、儿童等的特殊关照。

（三）多样性

多样性是社区公共文化服务的核心特质之一，体现在文化服务内容的广泛性和深度，以及满足社区成员多样化的文化需求上。实现多样性的目标需要积极倡导和保护本土文化，维护人类文化的多样性，也需要提供多元化、层次化的服务，满足不同群体的需求。

在公共文化服务中，尊重并保护民族文化传统是实现文化多样性的重要一环。每一个民族的文化传统都是人类文化遗产的宝贵组成部分，且每一种文化都有其独特的价值和意义。社区公共文化服务要努力保护这些文化传统，让它们在现代社会中得以传承和发扬。此外，为了进一步丰富社区居民的文化生活，也需要引入其他地区乃至其他国家的优秀文化元素，形成交流和融合，促进文化多样性的发展。

公共文化服务在内容上也应多样化，以满足社区居民的多元化文化需求。这意味着服务内容既包括基础性的普及服务，如书籍借阅、电影观看、文化讲座等，又包括更深层次、更个性化的服务，如艺术欣赏、学术研讨、特色工艺展示等。在这种多元化的服务体系中，每个社区成员都可以根据兴趣和需求选择适合自己的文化服务。此外，为满足社区内不同群体的特殊需求，社区公共文化服务还需要有针对性地提供特色服务。例如，为儿童提供儿童文学、动画片等适合他们年龄的文化产品；为老年人提供健身操、太极拳等有助于他们身心健康的文化活动；为残障人士提供无障碍设施和专门的服务，让他们也能享受到丰富多彩的文化生活。

（四）参与性

参与性是社区公共文化服务的重要特征之一，它强调的是居民在公共文化服务中的主体地位和活动参与度。参与性服务模式鼓励居民参与文化活动的设计、组织和执行，让他们不仅是文化产品和服务的接受者，更是文化生活的主动创造者。

在服务方式上，参与性要求服务提供者以民主、高效、便民、惠民为原则，调动和吸引居民参与社区的公共文化生活。这可以通过开展各种形式的文化活动实现，如艺术展览、书法比赛、社区节庆活动等，这些活动不仅丰富了居民的文化生活，也提高了他们的文化素质。

在职能上，参与性意味着服务提供者要引导和帮助居民参与社区公共文化服务的决策和管理。通过成立社区文化委员会，让居民参与社区文化活动的策划和组织，使他们在享受文化服务的同时，也能参与社区文化生活的建设和管理。通过这种方式，居民能够更好地理解、接纳和欣赏社区的公共文化服务，也能为社区的文化建设提供宝贵的意见，并做出自己的贡献。

（五）地域性

地域性是社区公共文化服务的另一个重要特征，它强调的是服务的内容、形式和方式必须体现和适应本地的历史文化、社会资源等特点。地域性的理念要求在提供社区公共文化服务时，要考虑当地的文化特色、资源优势和社区需求，形成具有地方特色的社区公共文化服务体系。

在服务内容上，地域性意味着要发掘和利用当地的历史文化资源，发展和推广具有地方特色的文化产品和服务。例如，举办本地历史文化讲座，展示本地的传统手工艺品，推广本地的民俗活动，等等。

在服务形式上，地域性要求要根据当地的社会资源和环境条件，创新社区公共文化服务的方式和方法。例如，如果当地有丰富的自然资源，可以开展户外的文化活动；如果当地有发达的网络技术，可以利用网络平台提供在线的公共文化服务。

在服务方式上，地域性还要求要注意满足当地居民的文化需求，提供他们喜欢的、符合他们生活习惯的公共文化服务。例如，如果当地的居民喜欢听音乐，就应该经常在社区举办音乐会；如果当地的居民喜欢阅读，就应该提供丰富的阅读资源和舒适的阅读环境。

三、社区构建公共文化服务体系的必要性

社区的发展和进步已经改变了居民的社会角色定位，由"单位人"向"社区人"转变。社区不仅是居民日常生活的主场，还是其思想道德、科学文化、精神文明传播和建设的主要领域。随着家庭关系和邻里关系的不断加深，高品质的生活需要社区提供支撑与保障。社区中的居民，通过享受文化服务，传播文化信息，参与文化建设，共同塑造出科学、健康、具有独特风格的社区精神。因此，社区逐渐转变为孕育文明、协调人际关系、激发居民积极向上和营造宜居生活环境的重要舞台。在这个过程中，居民的社会角色得到了充分的展现。

（一）社区公共文化建设是适应现代城市发展管理职能的要求

随着改革的不断深入，传统的"单位体制"逐渐退出舞台，城市的经济生活、活动方式和组织形式发生了深刻变化。企事业单位逐步不再承担住房、医疗、教育等社会职能，公益事务逐渐从原有单位剥离出来。这一转变使大量的"单位人"转变为"社区人"。同时，离退休职工、下岗失业职工、非国有企业职工、个体工商户、私营企业主等也更多地依赖社区组织。城市管理的重心逐渐向社区下移，这些变化迫使社区进一步强化服务功能。因此，社区公共文化建设工作不仅是一项为广大社区居民提供全方位公共文化服务的民生工程，也是一项在新形势下转变政府职能、理顺城市管理体制的改革工程。

社区公共文化建设的目标是满足社区居民对全面发展、优质生活的需求。在新的城市发展和管理背景下，社区公共文化建设具有重要的意义和作用。通过加强社区公共文化建设，可以提升社区居民的文化素养，增强社区凝聚力，塑造良好的社会风气。随着城市变革的推进，社区公共文化建设也需要不断创新和完善。在建设过程中，需要政府、社区居民、文化机构等各方共同参与和合作，形成多元化的文化活动和服务体系。同时，要注重社区居民的参与性，充分发挥他们的主体作用，使社区公共文化建设更贴近居民的需求，更具有活力和创意。只有这样，社区公共文化建设才能真正成为城市现代化和文明程度提高的重要标志，为社区居民提供更加美好、丰富的生活体验。

（二）社区公共文化建设是城市社会基层民主政治发展的理性选择

我国宪法确保公民享有管理国家和社会政治、经济、文化等事务的民主权利，这是宪法的基本精神。新时期，城市社区文化建设快速发展，反映了城市社区广大群众积极参与社区管理的迫切需求。城市社区公共文化建设能够有效凝聚本社区居民的心力，满足社区成员实现自我价值的需求，培育平等、参与、友爱、协作的社区文化价值观念，为城市社区的建设与发展持续不断地提供制度化的内在发展动力。由于城市社区文化建设的目标是积极鼓励社区居民参与本社区经济、文化等事务的管理，因此，作为城市社会基层自治组织的城市社区建设，以及其中重要内容的社区公共文化建设已成为我国各地推进基层民主政治发展的突破口和切入点，正日益凸显其独特价值，对社会主义民主政治建设的发展产生积极影响。

城市社区公共文化建设在推动基层民主政治发展方面具有重要作用。首先，促进了社区居民的参与和表达。社区公共文化建设提供了一个平台，让居民能够自由表达意见、参与决策，使民主意识在社区中得以落地生根。其次，社区公共文化建设培养了社区居民的公民意识和法治观念。通过参与文化活动、接受公共文化教育，居民能够增强对法律和社会规范的认同感，提升公民素质，营造文明社区的良好氛围。最后，社区公共文化建设还促进了社区内部的沟通和合作。通过共同参与文化活动，社区居民能够加强相互交流，增进了解与信任，形成良好的社区关系和社会网络。综上所述，城市社区公共文化建设对于推动基层民主政治发展具有重要意义，为社会主义民主政治的建设提供了有力支撑。

在实施城市社区公共文化建设时，政府需要加强引导和推动，为社区提供必要的资源支持。政府部门应加大对社区公共文化建设的投入，提供经费、场地和人力等资源，促进社区公共文化设施的建设和完善。同时，政府应加强规划和管理，制定相应的政策和措施，营造良好的发展环境，引导社区居民参与公共文化活动。此外，还需要鼓励社区居民积极参与，发挥其主体作用，营造共建共享的良好氛围。通过政府和社区居民的共同努力，城市社区公共文化建设将更好地满足居民的文化需求，推动基层民主政治的发展，促进社会主义民主政治的建设。

（三）社区公共文化建设是公民文化权利的必然要求

公民的文化权利是每个公民应当享有并得到保障的权利，包含享受文化成果、参与文化活动、开展文化创新以及保护文化成果的权利。这些权利的实现，不仅是衡量政府文化工作成效的基准，也体现了现代公民社会的政府必须承担的责任。它们既是提高国民整体素质的关键部分，也是构建以人为本的社会的必然要求，这是公民作为人的自由全面发展的重要内容。

随着中国逐渐步入全面小康社会，城市化进程加速，公民的文化需求更加明显，公民文化权利的实现变得更为迫切。在这样的背景下，社区公共文化建设成了一个必然的要求，也是公民文化权利的重要表现。在现代社会，人们更加注重个体的自身发展，社区公共文化活动成为实现这种发展的有效途径。社区公共文化活动是一种个人娱乐、乐趣、自我教育的方式，它紧扣基层，贴近生活，把科技、文化、卫生、体育融于一体，大大便利了广大群众，因此得到了广泛的社会基础。人们对文化生活的需求是多元化、频繁的，社区的各种公共文化活动能满足不同层次人们的需求，吸引广大人民参加。随着经济的发展，人们的生活水平和文化素质提高，很多人已经不满足于欣赏他人的表演和创作，他们渴望积极参与，展示自我，实现自我创新、自我表演、自我娱乐和自我教育。

通过这种自我娱乐的方式，人们能够展示自我，充分发挥自己的主动性和创造性，有利于实现自我价值。在这个过程中，社区公共文化建设既满足了人们对文化生活的需求，也为人们提供了展现自我，发挥个人能力，实现个人价值的平台。因此，社区公共文化建设成了实现公民文化权利，满足人们对美好生活的向往，推动社会和谐稳定发展的重要手段。

（四）社区公共文化建设是提高社区居民素质和生活质量的需要

加强社区公共文化建设，满足广大市民对于精神文化需求的持续增长，已经成为当前社区建设面临的一项重要任务。随着社会生产力的飞速发展，城市居民的文明程度也在逐步提高，人们对物质生产生活产品的需求得到满足的同时，对于精神文化产品的需求也日益增长。文化在社会经济发展过程中，其引导、协调、保障的功能变得越来越重要。

如何满足广大社区居民日益增长的精神文化需求，推动其思想道德素质和科学文化素质的持续提升，为社会进步和经济发展提供精神动力和智力支持，这是在进行文化建设过程中必须解决的重要问题。因为城市化的发展，大部分市民都在一定的城市社区里工作、生活，他们已经不再满足于过去传统社区仅仅提供的一般性管理和服务功能。现代的城市社区需要为市民提供丰富的文化资源和优美的文化环境，使他们在忙碌的工作学习之余，可以在精神文化上得到轻松舒适的休息和高雅愉悦的享受。

社区内的文化建设、文化氛围、文化品位、文化设施，这些都与社区居民的精神生活的状态、物质生活的质量紧密相关。因此，从社区广大居民的精神文化需求出发，加强社区公共文化建设，显得十分迫切和重要。

社区公共文化建设不仅能满足居民对于精神文化生活的需求，也能够提升社区居民的综合素质，改善其生活质量。通过提供各种文化活动和服务，如图书馆、艺术表演、讲座、展览等，社区公共文化建设能够满足居民的个性化、多元化的精神文化需求，使他们在自己居住的社区内，就能享受到丰富多彩的文化生活。

（五）社区公共文化建设可以增强地方经济建设中的综合竞争能力

在当今社会环境下，文化作为社会经济和政治情况的反映，已经成为衡量一个国家、一个城市，甚至一个地区的综合实力和竞争力的重要标志。因为一个地方的文化生活水平在某种程度上反映了该地的社会形态和人民素质，因此，衡量一个地方的综合实力和竞争力，不能忽视其文化资源、文化环境以及文化发展水平。因此，在经济建设过程中，地方应当重视文化建设，通过高水平的文化品位塑造地方形象，展示地方特色和魅力，通过优良的文化氛围凝聚人心，从而增强地方的综合竞争力。

社区居民素质的提升与社区管理组织的工作和社区文化环境的熏陶息息相关。只有优秀的社区公共文化建设，才能为提升居民的综合文化素质提供基础条件。这些文化素质的提升，会转化为物质形态的竞争能力和创新能力，为区域进步提供推动力，从而促进地方的快速和持久发展。因此，社区公共文化建设不仅对于提高社区居民的精神生活质量和提升个人素质具有重要意义，而且对于增强地方的综合竞争力也发挥着关键作用。应当明白，文化建设并不是孤立的，它与经济建设、社区管理、地方发展等诸多因素密切相关的。应当从更宽泛的角度看待和推动社区公共文化建设，把它作为提高社区居民生活质量、增强地方竞争力的重要手段，从而更好地推动地方的发展。

在文化建设中，不仅需要注重文化活动的丰富多样，还要关注文化环境的优雅和人性化。通过举办各种各样的文化活动，满足社区居民的个性化、多元化的文化需求。同时，通过优化文化环境，可以让社区居民在舒适的环境中享受文化生活，从而提高他们的生活质量。

四、社区公共文化服务体系的内容

新型社区公共文化服务体系的架构主要由基础设施体系、信息体系、人才体系、资金保障体系、评估监督体系等组成。

（一）社区公共文化基础设施体系

社区公共文化设施是社区公共文化服务体系的物质基础，一定程度上反映了一个社区的公共文化服务水平。高质量的公共文化基础设施能够为社区提供开展各种公益性文化活动的场所和依托，从而为社区居民提供包括文化、体育、教育、科技、信息和娱乐在内的多元化服务。这些设施包括社区文化中心、室外活动场地以及资源共享的场地等。社区文化中心是社区公共文化活动的核心，它应该包括图书室、电子多媒体教室、电子阅览室、文艺排练室等设施，以满足社区居民的各种文化需求。此外，室外活动场地和资源共享的场地则可以为社区居民提供更多的活动空间和资源。

根据《国家"十二五"时期文化改革发展规划纲要》的规定，社区文化中心的建设应该纳入城乡规划和设计中，同时，应该拓宽投资渠道，以保证新建社区能够提供足够面积的社区文化活动场所。这些规定体现了国家对社区公共文化设施建设的重视。在构建社区公共文化基础设施体系时，需要考虑如何架构一个布局合理、公平准入的公共文化设施网络。布局合理意味着公共文化基础设施应该根据社区的实际情况和居民的需求进行设置，保证每个社区都有合适的公共文化设施。公平准入则要求公共文化基础设施对所有社区居民开放，不应有任何形式的歧视和限制。通过构建社区公共文化基础设施体系，可以有效地满足社区居民的多元化文化需求，从而提高他们的生活质量和文化素质。此外，优秀的社区公共文化基础设施体系也能够吸引更多的人来此社区居住和工作，从而促进社区的发展。

（二）社区公共文化信息体系

社区公共文化信息体系是一个关于社区公共文化信息的收集、分析、发布的系统，它在满足社区居民的文化需求，提供高效、高质量的公共文化服务方面具有至关重要的作用。在现代社会，信息化已经成为生活的重要组成部分，因此，社区公共文化信息体系的建设和完善成了公共文化服务的发展趋势。

首先，社区公共文化信息体系可以让社区居民更好地了解社区公共文化服务的程序、方式、范围和内容，提高社区公共文化服务的透明度，便于社区居民享受到公共文化服务。例如，社区可以通过公共文化信息体系发布即将开展的公共文化活动的信息，让社区居民有机会参与这些活动。此外，公共文化信息体系还可以发布关于社区公共文化设施的信息，如开放时间、服务内容等，使社区居民可以更好地利用这些设施。其次，社区公共文化信息体系可以有效地促进公共文化服务的提供。例如，社区可以通过公共文化信息体系收集社区居民对于公共文化服务的需求和反馈，从而对公共文化服务进行改进和优化。此外，公共文化信息体系还可以促进社区文化专职人员、政府文化职能部门、专职群众文化事业机构等之间的信息分享和协作，提高公共文化服务的效率和质量。

为了实现上述目标，社区需要配备专职的社区文化工作人员，由他们负责公共文化服务的策划、组织和协调。同时，政府文化职能部门和专职群众文化事业机构也需要在公共文化信息体系中发挥重要作用。例如，他们可以通过公共文化信息体系向社区发布关于文化活动的信息，提供业务指导和辅导，从而提高社区公共文化服务的质量。

（三）社区公共文化资金保障体系

社区公共文化服务的建设和运行需要资金保障，这些资金来自政府拨款、贴息贷款及融资、集资、社会捐助赞助、基金等渠道。这些资源组成了社区公共文化的资金保障体系，是维系社区公共文化服务的血脉。然而，国际经验表明，政府对公共文化的投入总是有限的，因此，政府的职责应该是引导和激发社会各方面，包括企业和公众，对公共文化进行更多的投资。

实现这一目标的关键在于服务的市场化和资金的社会化。市场化服务可以引入竞争机制，提高服务效率，也有助于吸引更多的社会资金投入。这不仅能够增加公共文化服务的运作资金，还有助于提高服务质量，形成一个良好的公共文化服务体系。

在这个体系中，政府购买的服务和政府委托的工作或活动主要由政府提供经费。例如，政府可以购买专业文化服务机构提供的服务，或者委托文化机构举办特定的活动，从而提高社区公共文化服务的质量和效率。同时，社区公共文化工作也应该建立多渠道筹资机制，一方面由政府提供资金支持，另一方面由社会各有关方面或驻社区单位自行筹集资金。例如，一些由社区居民自主组织的活动可以由组织者自筹资金，而企业和公众可以通过赞助或捐助的形式支持这些活动。另外，还可以设立公共文化基金，由政府、企业和公众共同投资，用于资助各种公共文化服务和活动。这种机制不仅能够引导和鼓励社会资金的投入，还能够提高资金使用的效率和效果。

（四）社区公共文化人才体系

社区公共文化服务的建设、发展和运行离不开专业技术人员、业余文化队伍以及负责管理和协助工作的人员的支持。他们是社区公共文化服务体系的中坚力量。为了建立和维持一个完整的人才体系，社区需要建设一套有效的人才制度，包括吸引人才、培养人才和留住人才的各种机制。这个体系应当能够为人才提供一个有利于创新和发展的良好环境，从而保证社区公共文化服务的质量并推动其持续发展。

社区可以整合各类专业文化团队和群众文化单位的专职社会文化指导员，以及各类文化志愿者和志愿团体，一起提供社区公共文化服务。他们可以利用自己的专业知识和技能，为社区提供高质量的文化服务，也可以通过他们的热情和活动，提高社区居民的文化参与度和文化素质。

同时，社区也需要调动社会力量参与社区公共文化服务。这些社会力量包括驻社区的各级各类单位、社区群众文化协会和社团组织、社区文化志愿者队伍等。他们不仅可以提供资金和物质支持，也可以通过自己的活动和服务，增强社区公共文化服务的活力和吸引力。

为了更好地利用这些人才资源，社区还可以联系社区内的专家、志愿者和文化骨干，建立社区文化人才库。这个人才库可以为社区提供各类文化服务所需的专业人才，也可以作为培养和发展新的文化人才基地。

（五）社区公共文化评估监督体系

社区公共文化评估监督体系是保证公共文化服务质量和效率的重要环节。没有依据的监督往往无法达到预期的效果，而没有监督，整个公共文化服务体系的运行可能会陷入混乱。因此，必须构建一个权威、科学的评估监督体系，以便于对社区公共文化服务的执行情况进行有效的监督和管理。

评估监督体系的核心是科学、公正的社区公共文化工作考核指标体系。这个体系应明确社区的文化责任，并对社区公共文化服务的项目和内容、服务的方法和措施、服务的数量和质量、居民的满意度等进行定期评估。通过这种方式，可以全面、深入地了解和掌握社区公共文化服务的实际情况，及时发现和解决问题，进而提高服务质量和效率。

考核方式可以多样化，包括实地参观活动、日常工作信息收集、年终综合考核、主管领导述职、查阅相关数据资料和居民问卷调查等。这种多角度、多侧面、全方位的考核方式，有助于更全面、更深入地了解社区公共文化服务的运行情况，从而更好地评估和监督社区公共文化服务。此外，政府还需要对公共文化服务进行正常的审计监督，以保证公共资源的合理使用，防止浪费和滥用。审计监督不仅可以保证公共文化服务的财务透明度和公信力，还可以通过发现和纠正问题，促进公共文化服务的持续改进和发展。

五、社区公共文化服务的模式

社会公共文化服务一般是指依托社会公共文化设施或公共文化部门、公共文化资源的服务。在发达国家，社区公共文化服务是社会福利制度的一种补充，它是在政府部门与社区组织广泛合作的基础上，建立以社区公共团体为依托、以政府支持为前提、以社会力量广泛参与为基础的社区公共服务模式而实现的。社区公共文化服务的模式是一种政府、社会合作模式，即不再直接依靠政府文化主管部门，而是在社区公共文化服务实施过程中，政府与企业或非政府组织相互之间是合作关系。政府在社区公共文化服务建设中为主导，承担经费并发挥核心作用。政府部门提出运营目标，给予财政补贴，将文化服务承包给具有一定资质和声誉的文化企业与非营利组织，由这些组织承担公共文化资金的提供以及公共文化产品的生产，对社区的公共文化服务进行投资和管理。当前，通过政府与社会主体合作开展社区公共文化服务的实践，在一些经济发展比较快的城市较为普遍，取得了一些成效，较好地满足了社区群众的文化需求。

1.政府转变角色

转变政府职能，简政放权，把政府部门的精力用在宏观管理上，主要是政策引导、行政协调、财力支撑。采取有效措施，支持和帮助社区开展工作。加强对社区工作的组织和协调，发动广大居民和社区各单位参与社区文化建设。

2.企业的参与

企业在社区公共文化服务体系建设方面大有可为。企业的参与有两方面含义：一是指企业本身也要建设学习型组织，培育企业文化；二是指企业也承担一定的社会责任，应为社区文化建设提供资金、技术、服务等。企业一般都有举办文体活动和公关活动、拓展企业品牌的活动规划，社区可以和社区内企业充分协商，由社区和企业联合举办这些活动，既可以丰富社区文化生活，又可以增强社区所在企业员工对社区的认同感。企业的参与使社区基层文化活动形成了较为普遍的共享、共建、共荣的局面。

3.发挥非营利组织的作用

目前，活跃在各基层社区的民间组织大都为非营利组织。非营利组织处在社区的基层，具有典型的公益性和民间性，比较了解基层群众的困难和需求，能有效地将蕴藏在社区中的资源整合起来，往往能完成基层政府部门完不成的社区事务，赢得社区居民的认同，在群众和社区居民委员会心目中有较高的威望。组织所体现的志愿精神、互助精神、睦邻精神是社区公益事业发展的精神动力源泉，对培育和谐社区文化具有极大的推动作用，其志愿组织的参与实现了通过社会渠道扩充资源来推动社区文化建设。

六、开展社区公共文化服务的意义

社区公共文化服务体系的建立和建设旨在社区培育、公民意识的培育和互助精神的培育，旨在增强社区整体凝聚力，实现社区的可持续发展。社区公共文化服务自产生之始，就具有重要而多样性的功能，担负着十分重要的任务，在社区文化建设与发展、社区居民的日常生活中具有不可或缺的作用，其意义主要体现在以下三个方面。

（一）促进社区居民公共文化需求、文化权利的满足和实现

在我国，城市社区的建设仍然处于早期阶段。为了建立和谐、全面发展的小康社区，必须加速社区文化事业的进步，保障居民的文化权益。随着生活水平的持续提高，人们的物质需求逐渐得到满足，他们对文化生活的需求也日益强烈。因此，需要落实完善的文化政策，营造更和谐、更积极向上的文化氛围，为社区居民提供更为贴心的文化服务。

社区是居民生活时间最长的地方，对他们的价值观、道德观有着深远的影响。为了提升社区居民的道德素质、思想觉悟和文化修养，需要加强社区的公共文化服务。随着社会结构的深度转型，城市公共文化需求呈现出新的特征和快速增长的发展态势。

1.公共文化需求呈现出多样性和差异性

全球化、市场化和信息化的深入推进在我国唤醒并强化了公民的主体意识。人们的文化价值观念逐渐多元化，而公共文化需求从另一个角度反映了社会成员的利益和价值取向。因此，具有不同文化背景、收入水平、职业、年龄和社会阶层的人群，他们在公共文化需求的重点和层次上呈现出多样性和差异性。同时，随着经济社会生活的不断变化，新的公共文化需求也会不断出现。

2.公共文化需求以群体性表达

不同的社会群体有着不同的文化需求，同一社会群体内的文化需求则具有相似性。例如，白领更加重视生活质量，渴望享受高品质的业余文化生活。而迁徙进城的工人们则有着不同的需求，他们远离家乡，文化程度相对较低，主要从事体力劳动，收入较低，业余文化生活匮乏。因此，他们更需要关心，需要通过社区的文化活动、学习培训、就业指导等提高生活质量。同时，青少年、老年人、残障人士和戒毒者等群体对公共文化的期望也不同。

3.公共文化需求空间向社区转移

随着单位制度的解体和社区的建立，"单位人"逐渐向"社会人"和"社区人"转变。这种转变使人们的社会文化生活重心逐渐下移至社区。在城市社区层面，以满足居民自身精神文化需求为目标，以自我教育、自我服务、自我娱乐、自我参与为主要形式的公共文化生活空间正在形成。社区的公共空间承载着满足社区居民公共文化需求的重要功能。通过社区公共文化服务的发展和居民社会生活方式的改变，社区愈益呈现出一种公共生活的状态，并形成了社区凝聚力。

4.公共文化需求凸显价值诉求

在社会快速转型时期，物质世界的繁荣带来社会的"价值真空"，表现为社会价值的"信仰迷失"和个体价值的"信念危机"。需要通过公共文化的整合来构建共同的信念、信仰和意义世界，构建社会和谐发展的社会心理及文化价值基础。因此，从精神层面上说，在我国走向现代化、全球化的过程中，公共文化需求是对文化整合力量的渴望，是对共同的社会文化价值基础的期待。

（二）促进社区健康、和谐发展

社区公共文化服务引导社区居民接纳被社会提倡的积极向上、健康文明的行为方式和观念，从而使人们自觉摒弃不良行为及错误观念。在社区文化的长期熏陶下，社区成员的素质不断提高，随着时间的推移，能够使社区居民养成良好而文明的生活习惯，促进社区健康、和谐发展。

1.增强居民对社区的认同感和归属感

在我国的城市社区建设过程中，加强公共文化服务，增强居民对社区的认同感和归属感是非常重要的一环。社区的文化活动不仅能增强居民的集体凝聚力，而且能激发他们的积极性，使他们深刻认识到自身应担负的权利和义务。通过组织多种形式的社区文化活动，如歌舞、体操、书画、器乐和诗社等，能够使居民更积极地参与社区文化活动，从而增强他们对社区的认同感和归属感。

社区文化活动是最直接、最有吸引力的服务方式。不仅能满足居民的文化需求，还能在很大程度上影响和改变他们的生活态度和行为方式。居民通过参与自己感兴趣的文化活动，不仅能提高个人的文化素养和生活质量，还能增进邻里间的情感交流，激发社区的集体精神，和谐社区关系，提升社区的文明风尚和精神面貌。社区及相关部门应当定期举办各种文化活动，如音乐会、艺术展览、运动会、讲座、教育培训等，丰富社区居民的文化生活，满足他们的不同文化需求，提高他们的文化素养和生活质量。同时，这些活动也能带来更多的社区互动，增强社区凝聚力，提高社区的整体形象和文化水平。社区还应充分利用公共空间，设立文化广场、阅览室、图书馆等文化设施，提供一个便利、舒适的公共文化空间，让居民能在此进行各种文化活动，享受高质量的文化生活。通过这些设施，可以进一步推动公共文化服务的发展，满足居民更高层次的文化需求，提高他们的生活满意度，增强他们对社区的认同感和归属感。

2.营造社区的良性氛围

在社区建设中，应致力于营造良性的社区氛围。这需要明确并实施一种特定的社区发展理念，以塑造居民的行为方式，并进一步影响他们的思想观念和生活习惯。在不同的社区和发展阶段，这种发展理念可能会有所不同，但其核心目标是引导居民追求高尚的理想和目标，并逐渐形成一种集体的文化氛围和精神，也就是"社区文化"。

社区文化是规范和约束社区居民行为的重要力量，它能促进社区居民形成文明的生活方式，并维护社区的稳定和和谐。这种文化也能增强社区成员的归属感和认同感，进而营造出良性的社区氛围。这种"社区精神"深深植根于社区文化，影响着社区居民的价值取向和人生观，并最终促使社区形成一种共同遵循的社会道德准则，从而规范和约束社区居民的行为。

随着时间的推移，社区居民在这样的社区文化氛围下，会逐渐建立一种良好的邻里关系，他们会更加关心和理解彼此，也会促进彼此之间的沟通和交流。这种良好的邻里关系不仅有利于减少社区内的犯罪和冲突，也能增强居民的归属感和安全感，增强社区的团结和凝聚力。

3. 实现公共文化服务的均等化

实现公共文化服务的均等化，是现代社会发展的一项重要任务。这意味着要全面考虑并满足不同地域、不同群体的文化需求，尤其要关注那些在往常可能被忽视的群体，如青年人、外来务工人员、残障人士等特殊群体的多元化需求。政府在提供公共文化服务时，必须确保不存在任何形式的歧视，无论是基于地理位置、社会身份还是其他因素。公共文化服务应该是所有人的权利，包括处于社会弱势地位的人群。

对外来务工人员的社区文化服务应该得到特别的关注。这个群体往往在生活中承担着多重压力，他们需要得到尊重和理解，需要找到归属感，需要得到适应新环境的帮助。社区应该为他们提供符合他们生活方式和文化需求的服务，帮助他们与居民进行有效的沟通和交流，为他们在新的社区生活中提供必要的支持。

实现公共文化服务的均等化，也有利于提高人们的生活质量和自我发展能力。这体现了社会的公平公正，也是对社会和谐理念的贯彻。公共文化服务的均等化能够在一定程度上化解社会的矛盾与冲突，提高人们的生活满意度，促进社会的稳定和发展。

具体来说，应该在以下四个方面做出努力：一是提供全面的服务，满足各类群体的需求；二是尊重每个人的差异，无论他们来自何处，无论他们的身份是什么；三是提供必要的支持，帮助在社会中可能遇到困难的人，尤其是外来务工人员，帮助他们适应新的环境和生活；四是实现公平，确保所有人都有机会享受公共文化服务。通过这些努力，可以在社区中营造出公平公正的环境，使所有人都有机会享受到高质量的公共文化服务，实现真正的公共文化服务均等化，这无疑将对社区的和谐稳定产生深远影响。

（三）提升社区综合竞争力

社区文化，作为一种意识形态，属于精神范畴，是社区软实力的重要组成部分。其在社区综合实力竞争中起到了至关重要的作用。文化作为软实力，无形中指导着社区的发展，为社区实力的提升供给了精神动力。而社区综合竞争力的提升，并非只关乎经济实力或者居民物质生活水平的增长，而是需要在经济、文化、环境、风尚等各方面达到综合的平衡和提升。这样的综合竞争力是社区发展的重要标志。要实现这一目标，需要一个健全的社区公共文化服务体系。因为这样的体系能够有效提升社区成员的文化素养，为社区综合实力的提升提供理论支撑，寻找到一种让社区的外在面貌与精神本质、历史文化沉淀与现代文明创新相互融合的正确发展途径。因此，社区文化服务的质量直接影响社区综合竞争力。

社区文化需要简洁生动，这样才具备吸引力，易于被接受，并能满足社区居民的生活及精神需求。在现今社会，生活节奏日益加快，人们的精神压力越来越大，承担的责任也越来越重，因此，他们需要一种轻松、简单、方便的放松方式。社区文化就能提供这样的满足。此外，社区公共文化服务的建设还能够促进社区的经济发展。这样的体系不仅能提升社区文化品位，也能增强招商引资的能力，从而提高居民物质生活质量。

随着社会的进步和时代的发展，人们不再满足于仅仅参与社区文化活动，他们希望更多地参与社区文化管理工作，为社区公共文化服务的建设作出贡献。他们希望能利用自己的优势和能力，多帮助工作人员，从而更好地实现自己的价值。因此，社区公共文化服务体系的建设应该鼓励和吸引更多的社区居民参与管理工作。这样不仅能满足社区居民的需求，也能提升政府在居民心目中的形象，拉近政府和居民之间的距离，增强相互理解，进一步促进社区的和谐发展和民主化进程。文化是一种软实力，它能塑造社区的良好形象，吸引更多的人才和资源，从而提升社区的整体竞争力。在构建公共文化服务体系的过程中，应该注重保持文化的多样性，让每一个社区成员都能在其中找到自己的位置。需要提供多元化的文化服务，满足不同群体的需求，包括青少年、老年人、外来务工人员和残障人士等。还需要关注社区成员的精神需求，提供能够让他们放松身心的活动和服务。此外，还应该注重社区文化的创新。文化不应该被固定在过去，而应该随着时代的进步不断创新。应该鼓励社区成员参与文化创新的过程，通过他们的努力，让社区文化充满活力，反映出社区的精神面貌。同时，还应该注重文化的传承，让社区成员有机会了解和接触到传统文化，增强他们的文化认同感。

在社区公共文化服务体系的建设中，还需要注重公平性。应该确保所有的社区成员都有平等的机会参与文化活动，享受文化服务。应该反对任何形式的歧视，无论是基于地域、身份还是其他因素。应该为所有的社区成员提供公平的机会，让他们都能在社区文化中找到自己的位置，感到自己是社区的一分子。

第二节　高校图书馆参与社区公共文化服务的优势、意义及可行性分析

一、高校图书馆参与社区公共文化服务的优势

高校图书馆作为高等教育机构中的重要文化资源的承载者和公共服务机构，参与社区公共文化服务具有以下五个优势。

（一）社区文化资源丰富

高校图书馆拥有丰富的文献资源、多媒体资源、数字资源等，可以为社区居民提供更加丰富、多样化、深入的文化服务和资源，助力社区文化建设。

（二）专业服务能力强

高校图书馆拥有专业的图书馆学、信息学、文化学等专业的工作人员，可以为社区提供专业的文化资源开发、文献检索、知识传播等服务，提高社区居民的文化素质和信息素养。

（三）教育引领作用明显

高校图书馆是高等教育机构中培养人才和传递文化知识的重要场所，通过举办各种文化活动如讲座、展览等，可以向社区居民传递先进的文化理念、思想观念、学术成果，发挥教育引领作用。

（四）文化交流平台

高校图书馆作为社区居民文化交流的平台，通过各种文化活动、交流会议等促进社区居民之间的互动、交流、学习和合作，增进社区居民之间的文化认同和情感交流。

（五）有助于增强社区凝聚力和文化自信心

高校图书馆参与社区公共文化服务，可以使社区居民更加积极地参与文化活动，拓宽视野，增强文化自信心，增强社区凝聚力，促进社区和谐发展。

二、高校图书馆参与社区公共文化服务的意义

图书馆在公众服务中起到的核心作用是促进知识的学习和文明的传承。在高等教育机构中，图书馆的职能扩展到为教学和科研活动提供必要的文献资料支持，是培养人才和进行科学研究的关键信息服务部门。图书馆利用自身的资源优势，为社区居民提供高质量的服务，丰富他们的文化生活，提升他们的文化素养和生活享受。最终目标是构建一个"政府主导、高校参与"的公共文化服务模式，旨在保护社区居民的基本文化权益。其中包括自我监督模式、法律制度约束模式和权利义务平衡模式等，这些都是完善公共文化服务体系，提高居民文化素质的重要内容。

（一）丰富社区公共文化服务内涵

公共文化，是一个广泛服务于社会全体公众的非营利文化形式，致力于实现全体公民的文化参与、享受和创造。该概念起源于资本主义初期，并随着民主进程的演变，逐渐从公共领域中分离出来，进而在政治与文化公共领域中分别体现，最终发展成为现代社会的公共文化。因为受国家、民族、地区等因素的影响，公共文化的形态和内容存在差异，但本质上，它是一种非生产性文化形态，可以共享、可以构建，也能包容差异。

公共文化服务是中央和地方政府公共服务的重要内容，以全体公民为服务对象，提供公共文化产品和服务，其最终目标是保障公民的公共文化生活权利。公共文化服务涵盖基础设施服务、公共资源服务，以及技术、人才、投资、政策制度等诸多方面。随着改革开放进程的推进，公共文化服务应适应服务型政府的职能转变，这也加强了人民政府的使命感和责任感。

在公共文化服务体系的构建中，需要考虑最广大人民群众的公共文化需求，保障公民的基本公共文化权益也是必须要满足的条件。同时，也需要肩负起保障和传承中华民族传统文化的责任。

社区文化是对特定社区范围内居民的世界观、人生观、价值观、信仰、地

方语言、历史传统、习俗、生活方式、行为规范和特殊符号的总称。为了满足公众的文化服务需求，社区需要利用所有可能的机会和设施，为居民提供公共文化服务。不能只把文化理解为阅读和娱乐，忽视现代信息科学技术对文化的影响。需要深入研究数字化信息如何为社区提供新的机会，以及如何通过这个新平台提供更好的社区公共文化服务。

高校图书馆应当积极参与社区公共文化建设，社区确立公共文化服务的理念，并使之成为常态，从而真正推动社会文化的健康发展。无论是在广义还是狭义的层面，高校图书馆都应当扩大社区公共服务的范围，以更大程度地为社区公共文化服务作出贡献。

（二）充分发挥高校图书馆的功能

在 21 世纪的信息化社会，公共文化服务已经成为一个关键的研究课题。自 2002 年教育部发布《普通高等学校图书馆规程（修订）》以来，高校图书馆积极参与社会化公共服务的角色逐渐明晰。其中，特别规定："有条件的高校图书馆应尽可能向社会读者和社区读者开放。"这一政策为高校图书馆走向社区，参与社区公共文化服务提供了支持和指引，从而推动了这一领域的研究和实践。

高校图书馆拥有丰富的馆藏资源和高质量的人才储备，这两大优势使其在参与社区公共文化服务中具有得天独厚的条件。通过构建数字图书馆和移动图书馆服务，高校图书馆可以突破传统图书馆服务的时间和空间限制，使更多的社区居民能够接触到高质量的图书资源，从而提高社区公共文化服务的质量和效率。

此外，高校图书馆也可以举办各种与生活相关的讲座和普及常识的活动。这些活动不仅能够扩大高校图书馆的影响力，也能够满足社区居民对各种知识的需求。同时，高校图书馆也可以利用其专业优势，为基层社区图书馆开办业务培训班，提升社区图书馆工作人员的专业素质。

"流动书车""图书进社区"等活动的举办，使社区居民能够更便捷地接触到高校图书馆的图书资源，成为高校图书馆的外围读者。此外，高校图书馆还可以通过协助社区设计和谐的空间布局、营造舒适的阅读环境，以及组织各种社区居民喜闻乐见的文化活动，引导社区居民放松身心、欣赏艺术、学习知识、交流思想、陶冶情操、享受高雅的休闲生活。

为了充分发挥高校图书馆在社区公共文化服务中的作用，高校图书馆需要明确自身的定位和图书馆事业的发展环境，从战略的高度制订科学、长远的规划。在投入和建设中，要明确目标，避免盲目投入和无目标的建设，以实现高校图书馆服务社区公共文化的可持续发展。

（三）完善社区公共文化体系

在信息时代的今天，公共文化服务已经成为社区居民生活中的重要一环，尤其是在社区层面，它关乎每一个社区居民的精神需求和生活质量。而高校图书馆作为文化资源的重要承载者，更是在推动社区公共文化服务发展中起到了不可替代的作用。如何通过高校图书馆的功能，充分发挥其在社区公共文化服务中的作用，这是必须面对的问题。

社区公共文化服务体系的建设，其首要原则是满足社区居民的文化需求。这就需要从社区居民的实际需求出发，设计和提供适合他们的公共文化服务。而高校图书馆作为重要公共文化资源的承载者，其丰富的馆藏资源和高端人才储备，无疑为满足社区居民的文化需求提供了有力保障。

在此基础上，高校图书馆还应积极利用其资源优势，充分发挥其在社区公共文化服务中的作用。具体来说，可以从以下三个方面进行。

第一，充分利用高校图书馆的馆藏资源，为社区居民提供丰富的文化信息服务。这既包括传统的图书、期刊、报纸等文化信息资源，也包括新兴的数字化、网络化的文化信息资源。这样，不仅可以满足社区居民多样化的文化需求，也可以使他们及时了解到社会上的新知识、新信息。

第二，高校图书馆应利用其高端人才储备的优势，为社区居民提供各类文化教育服务。可以举办各类文化讲座，也可以提供各种类型的文化培训。这样，不仅可以提高社区居民的文化素养，也可以帮助他们实现自我价值和提高生活质量。

第三，高校图书馆还可以充分利用其专业技术优势，帮助社区改善文化设施，营造优质的文化环境。可以提供专业的设施设计和建设方案，也可以提供技术支持和技术服务。这样，不仅可以提升社区的文化环境品质，也有利于提高社区居民的生活满意度。

然而，高校图书馆参与社区公共文化服务，还需要面临和解决一系列的问题和挑战。例如，如何有效地利用和整合高校图书馆的资源优势，如何设计和提供适应社区居民需求的文化服务，如何提升高校图书馆在社区公共文化服务中的影响力和公信力等。这就需要不断深化理论研究，积累实践经验，创新工作方式和方法，以推动高校图书馆在社区公共文化服务中的持续发展。

三、高校图书馆参与社区公共文化服务的可行性分析

公共文化服务，作为现代政府构建公共服务体系的核心组成部分，代表了政府在社会文化领域履行其公共服务职能的具体实践。虽然政府是保护和传播文化的主导者，但不是唯一的执行者。社区居民可以参与文化资源的发掘、保护和传播，以此推动良性机制的形成，包括自我保护、管理和开发等。社区是社会的微观展现，它是人们日常生活和工作的主要场所。人们可以通过研究社区，进行具体的社会调查，研究和探索社会发展的普遍规律以及社区的共性特点。同时，通过了解和研究社区公共文化，人们可以掌握某一社区的公共文化特征，以此进行针对性的改革和建设新型的社区文化。因此，提升社区居民的公共文化素质，也是提高整个社会公共文化水平的关键步骤。作为一个重要的社区实体，高校图书馆为读者提供了丰富的信息资源。随着服务理念的深入和服务功能的拓展，高校图书馆在公共文化服务的内容上，不仅提供主流大众文化服务，也关注特殊群体的小众文化服务；既有适合年轻人的项目，也有老年人喜爱的项目；既照顾本地人的习惯，也考虑外来人群的偏好。这种全方位的服务方式，为提高社区公共文化服务质量作出了重要贡献。

（一）丰富的馆藏资源

1.纸质图书和电子图书

高校图书馆的馆藏资源丰富，包括纸质图书和电子图书。纸质图书是高校图书馆传统的馆藏资源，其内容涵盖人类社会各个领域的知识，是高校图书馆的重要资产。电子图书是随着信息技术的发展而产生的新型馆藏资源，其便利性、时效性和互动性为高校图书馆提供了更多的可能性。电子图书的出现，使高校图书馆可以打破空间和时间的限制，提供 24 小时不间断的服务，满足社区公共文化服务的需求。

首先，高校图书馆购买市场上的电子资源，如中国知网数据库、万方学术知识服务平台、外文医学信息检索平台等。通过购买这些电子资源，高校图书

馆丰富了馆藏内容，为读者提供了广泛的学术、科研、文献等资源。这些电子资源具有多样性和权威性，方便读者学习、研究和创新。

其次，高校图书馆将馆藏的纸质文献进行数字化处理，通过网络化计算机管理软件系统平台进行管理和提供服务。这种形式的电子资源建设使原本只能在高校图书馆内使用的纸质文献能够通过网络远程访问和利用。读者可以方便地进行文献检索、阅读和下载，打破了时间和空间的限制，提高了文献利用率。

最后，高校图书馆还自行收录本校教师和学生的科研成果，进行加工整理，并建立自己的数据库，提供在线服务。通过对本校教师和学生的科研成果进行收集和整理，高校图书馆创建了具有本校特色的专题数据库，为学校内部读者提供定制化的信息服务。这种形式的电子资源建设旨在促进本校教学和科研成果的传播和利用，激发学术创新和学术合作。

通过以上三种形式的电子资源馆藏建设，高校图书馆提供了丰富、多样的电子资源，满足了读者对信息的快速获取和学术研究的需求。

2.检索资源

检索资源是高校图书馆信息服务的重要组成部分。高校图书馆通常会订阅多种数据库，为读者提供海量的学术论文、报告、统计数据等信息资源。这些资源可以满足社区公共文化服务在信息的方面需求，提高其服务质量和效果。

高校图书馆为了方便师生查询数字资源，积极开通了移动图书馆，通过手机、平板电脑等移动设备可以随时随地自助完成个人借阅信息的查询和管理。移动图书馆提供了多项便利的功能，师生们可以通过移动设备进行馆藏文献的查阅、图书馆新闻的浏览、荐购图书的申请以及浏览新书简介等。此外，移动图书馆还提供了电子图书、电子期刊、博硕士论文等电子数据的全文获取和使用。读者只需在手机上下载手机客户端，注册个人账号，就能方便地查询和管理自己的借阅信息。

移动图书馆的页面设计非常人性化，根据不同的移动设备类型分为普通手机专门界面和触摸屏手机专门界面，以提供更好的用户体验。它支持各种操作系统，如 iPad、MP4/MP5、PSP 等。通过移动终端访问移动图书馆不收取任何费用，但使用手机上网访问移动图书馆会产生网络流量费用，用户需自行承担。使用 Wi-Fi 网络访问移动图书馆则不会额外产生费用。移动图书馆的便利性大大节省了师生们查阅和阅览的时间，提高了他们的参与积极性。

移动图书馆的推出为师生们提供了更加便捷的图书馆服务，使他们能够随时随地获取所需的图书和资料。不再受时间和地点的限制，师生们可以通过移动设备轻松查找自己感兴趣的文献，收藏和订阅感兴趣的内容以及参与图书馆的各项服务。移动图书馆的开通进一步推动了数字化阅读的发展，为学术研究和学习提供了更多便利。

高校图书馆开通移动图书馆，旨在为师生们提供更加便捷、高效的图书馆服务。这一举措使师生们能够充分利用移动设备进行阅读和查询，节省时间和精力，提高信息获取的效率。高校图书馆将继续关注读者的需求和反馈，不断改进和完善移动图书馆的功能和服务，为广大师生提供更好的学术支持和信息保障。移动图书馆的推出将进一步促进数字阅读的普及和发展，为高校图书馆建设增添新的活力。

（二）完备的基础设施

高校图书馆具有完备的基础设施，包括阅览区、自学区、展示区等功能区域，以及计算机、打印机、扫描仪等设备。这些基础设施能够满足社区公共文化服务的多元需求，为服务提供强大的物质支撑。此外，许多高校图书馆还具备演讲厅、研讨室等设施，可以举办讲座、展览等活动，推动文化交流和传播。

当下，有的高校图书馆利用先进的图书馆集成管理系统，建立了包括中外文书目数据库、中外文期刊数据库和读者数据库在内的馆藏资源数据库，实现了图书和期刊的采购、编目、流通和数据查询的自动化。这样的自动化系统使图书馆能够提供全方位、多层次的文献信息服务，以信息服务为中心，为师生们提供更加便捷高效的学术资源。

此外，有的高校图书馆与医学情报研究所、国家图书馆科技查新中心等科研机构合作，能够承担各级各类科研项目的查新任务，为科研机构提供定题、预查新、学术情报、查引查证、参考咨询等信息服务。这种合作关系进一步扩大了图书馆的服务范围，为科研人员提供了更全面的信息支持。

高校图书馆注重基础硬件设施的完善和先进化，为师生们提供优质的公共文化服务。良好的图书馆氛围能够给师生带来独特的阅读体验，使他们感受舒适和愉悦，从而更愿意投入阅读。读者在良好的氛围中，思维敏捷，心情舒畅，对阅读充满积极性和主动性，反馈信息的速度也明显加快。相反，在不良的阅读氛围中，读者可能感到精神压抑，阅读效率也会降低。因此，高校图书馆提供完备的基础设施对于提升社区公共文化服务至关重要。

通过先进的图书馆集成管理系统和与科研机构的合作，高校图书馆能够为师生提供丰富的文献信息资源和全面的学术支持。这不仅满足了师生们获取知识和开展科研的需求，也提高了图书馆的服务质量和效率。同时，高校图书馆注重基础设施的升级，为师生们营造良好的阅读环境，激发其阅读的兴趣和热情。这些举措不仅有助于提高社区公共文化服务的质量，也为高校师生的学习和研究提供了更好的支持和保障。

（三）信息素养较高的馆员

高校图书馆的馆员具有较高的信息素养，他们不仅熟悉图书馆业务，更懂得如何进行信息服务。他们可以帮助社区居民检索、获取和使用信息，提高社区公共文化服务的信息化水平。

高校图书馆的从业人员在职称和学历水平方面呈现出一定的特点。从职称角度看，中级职称的馆员人数最多，这可能是因为在图书馆工作的初期，馆员们通常从初级职称开始，通过多年的经验积累和专业发展逐渐晋升到中级职称。相比之下，高级职称的馆员人数较少，这可能是因为高级职称需要更高的学术造诣和更丰富的工作经验，符合条件的馆员相对较少。

从取得学历水平来看，高校图书馆的从业人员主要分为五个等级，从博士生到高中及以下学历。本科学历的馆员人数最多，可能是因为本科教育是大多数馆员的最低学历要求，也是从事图书馆工作的常见学历背景。其次是专科学历的馆员，而高中及以下学历的馆员人数较少。高校图书馆相对较少招聘硕士和博士等高学历人才，这可能是因为高学历人才在图书馆行业的竞争较激烈，而本科学历的馆员能够胜任大部分的图书馆工作任务。

近年来，高校图书馆在招聘在编人员时对学历水平有较高要求，通常要求硕士研究生及以上学历。而对于聘任制人员，通常要求本科及以上学历。这表明高校图书馆对于人才的录用门槛较高，希望能够吸引更高水平的人才加入图书馆事业。新近入职的馆员虽然是新人，但由于学习能力强，通常能够快速掌握业务和工作任务，工作效率较高。而工作年限较长的馆员由于经验丰富，能够更好地遵守职业道德准则，为读者提供优质的信息服务。在信息时代，高校图书馆的服务重心已从以"书本位"为中心转变为以"人本位"为中心。为了满足读者的需求，图书馆不断推陈出新，与时俱进。图书馆的服务方式也发生了变化，包括通过 QQ、在线参考咨询、电子邮件等方式与读者进行交流。在这种非面对面的交流方式中，文字沟通能力变得尤为重要。高校图书馆馆员通常具备良好的文字沟通能力，能够清晰准确地表达信息，为读者提供有效的帮助和解答。

（四）高校图书馆向社会开放的基础

高校图书馆可以向社区图书馆建设提供三种模式的服务，即借阅服务、信息推送服务和高层次的知识服务，以满足社区居民对文献资源和知识服务的需求。

第一种模式是依托高校图书馆丰富而权威的文献资源，提供纸质文献的借阅服务。高校图书馆通过与社区图书馆建立合作关系，通过合作协议将一部分纸质文献馆藏资源提供给社区居民借阅。为了确保资源的合理利用，可以设定合理、科学的借阅制度，如限制借阅数量和借阅时长。对提供服务的图书馆馆员要求不高，但他们必须认真负责，最大限度地发挥图书馆的文献资源效益，确保社区居民能够充分利用高校图书馆的馆藏资源。

第二种模式是通过设置一定的收费标准，利用高校图书馆强大的电子资源系统，为社区居民提供信息推送服务。具有检索技能的图书馆馆员可以根据社区居民的需求，在电子资源系统中检索相关文献和信息，并以文献传递或定题服务的形式向社区居民提供信息推送。社区居民可以根据自己的需求向图书馆馆员提出信息需求，图书馆馆员则根据其需求进行检索和推送。这种模式需要图书馆馆员具备良好的检索能力和信息传递能力，以确保提供准确、及时的信息服务。

第三种模式是面向知识内容的高层次知识服务，以读者目标为驱动，帮助社区居民解决问题。在这种模式下，高校图书馆馆员需要具备较强的个人能力，包括知识发现和知识管理的技能。图书馆馆员通过发掘知识资源，与社区居民深入沟通，了解他们的需求，并最终为他们提供完善的问题解决方案。这种模式要求图书馆馆员能够运用专业知识和信息资源，为社区居民提供有针对性的知识服务，帮助他们解决实际问题和需求。

第三节　高校图书馆参与社区公共文化服务的模式构建及方式与策略

一、高校图书馆参与社区公共文化服务的模式构建

（一）高校图书馆参与社区公共文化服务的自觉模式

为了确保高校图书馆资源不会被社区居民抢占而损害本校师生的权益，需要积极利用社会资助和公益捐赠来加强资源建设，在满足社区居民的资源共享需求的同时，不损害本校师生的权益。因此，建立高校图书馆的自觉模式非常有必要。

高校图书馆可以积极参与社区公共文化建设的阅读推广工作。定期为社区图书馆更换图书，让社区居民切实体验到阅读的益处。高校图书馆也可以到各个社区进行走访，并举办阅读专题讲座，提高社区居民对阅读的认知度。举办读书会，让社区居民畅谈心得和体会，引导他们通过阅读审视自我，解决自身面临的问题和困扰。此外，高校图书馆还可以利用移动图书馆终端服务，为社区居民提供网络图书查询和其他信息的检索服务。通过这些举措，可以拓展居民的阅读广度，指导他们利用电子资源检索生活类知识，并提供电子资源共享服务，如远程访问等。

另外，高校图书馆还可以为社区居民提供深层次的信息服务。可以提供法律援助等支持，帮助社区居民解决在日常生活和工作中遇到的问题。在辅导居民阅读过程中，特别关注那些文化水平较低的社区居民，给予他们必要的帮助。对于老年人，可以提供有声图书或定时定点的朗读服务，满足他们听书的需求。

通过以上措施，高校图书馆能够充分参与社区公共文化建设，同时保护本校师生的权益。不仅提供资源共享和阅读推广服务，还致力于解决社区居民的实际问题，提供深层次的信息服务。这样，可以建立起一个积极的、互惠互利

的图书馆与社区之间的合作模式。

（二）高校图书馆参与社区公共文化服务的法律制度约束模式

为了建设良好的社区公共文化服务体系，需要制定相关的规章制度，确保其有效运行。从整体上看，应将社区公共文化建设明确列入地方和社会未来发展规划，以法律准则的形式确立合适的衡量标准，明确各级政府的责任和义务。这样可以将社区公共文化作为社会素质教育资源纳入综合素质提升的教育网络体系，促进社区公共文化建设的进一步发展。在局部层面，需要根据实际情况制定和完善社区公共文化建设的内部制度规章。通过规范、科学、合理的制度约束，明确社区居民的权利和义务，确保社区居民无论其身份、背景、信仰或经济状况，都能公平合理地享受社区提供的公共文化服务。这些服务应随着社会经济文化的发展逐步提升，无论是服务质量、水平还是方式。

在我国，不同地区存在较大差异，因此各地应根据实际情况制定适合本地的社区公共文化建设管理法规制度。这有利于统筹城市文化建设和教育经济发展。在尚无全国统一的社区公共文化建设法的情况下，各省市政府等机关可以先制定本地的建设法规制度，以确保有足够的公共文化基础设施专门为社区居民提供服务，真正让公共文化服务回归民众。可以在所在地区的各个社区中，在高校图书馆的参与下制定相关规章制度，逐步推进公共文化服务建设，造福社区居民的生活。

通过以上措施，能够建设起一个具有良好规章制度支持的社区公共文化服务体系，促进社区公共文化的健康发展，为社区居民提供更好的文化服务。同时，规章制度的制定和实施也能够确保社区公共文化服务的公正性和持续性，实现社区公共文化建设的目标。

（三）高校图书馆参与社区公共文化服务的权利义务平衡模式

基于公共财政理论，社区公共文化建设经费通常由政府提供，因为社区公共文化服务被视为公共产品，政府有责任为社区居民提供这种服务，也是各社区应尽的义务，社区居民应享有的权利。社区图书馆作为文献信息中心，有义务保障每位社区居民拥有平等获取信息的权利。作为公共文化服务体系的基层服务，社区图书馆与高校图书馆应加强有效沟通，利用高校的资源和人才优势深入社区，承担社会文化服务和发展的责任。除了为高校师生提供服务外，高校图书馆还应使丰富的文献资源惠及社区居民，以缩小社会差距、缓解社会矛盾为目标。为此，可以组织本校知名专家和学者为社区居民免费举办专题讲座，主题可以是保健养生、人物传记、绘画书法、烹饪厨艺、科普宣传等。此外，还可以协助社区举办读书会、诗歌朗诵会、真人图书馆、摄影艺术展等有意义的文化活动。除了派遣专人进入社区提供服务，还可以通过网络提供远程在线咨询服务，让社区居民能够在社区图书馆通过网络进行文献传递、资源共享和及时咨询，便捷地获取所需的文献资源和服务，让高校图书馆丰富的信息资源造福社区居民。这样的举措不仅支持了资金有限的社区图书馆，还维护了信息公平和公民的权利，并逐步实现了基本公共服务均等化和资源共享的有效途径，使高校图书馆履行社会责任并推动自身发展。同时，提升了居民对高校图书馆的认知，增强了高校图书馆在居民生活中的影响力，进一步促进了高校图书馆提升公民素质和实现文化教育功能的目标。

二、高校图书馆参与社区公共文化服务的方式与对策

（一）高校图书馆参与社区公共文化服务的方式

1.向社区居民开发文献资源借阅服务

高校图书馆一直以来将纸质文献资源的借阅服务作为基础业务，以满足本校教职员工和学生的文献需求为首要任务。然而，在保证校内读者服务的前提下，越来越多的高校图书馆开始向周边社区民众敞开服务大门，为那些有文献信息需求的社区居民办理图书馆借阅证，并免费提供书刊的借阅服务。这一举措旨在满足社区民众对文献信息的需求，并提高文献资源的使用率。

近年来，高校图书馆面临的一个普遍问题是，许多书籍入馆后很少有人借阅或无人问津。这主要是因为电子产品的迅速发展和数字化阅读的普及，使校园内的师生更倾向于足不出户进行阅读。然而，将文献资源向社区居民开放并提供借阅服务可以改变这一状况。

通过向社区居民开放文献资源并提供借阅服务，高校图书馆能够提高文献资源的使用率。社区居民通过办理图书馆借阅证，可以免费借阅高校图书馆的书刊资源，满足他们对文献信息的需求。这种开放性的服务不仅提供了更广泛的阅读机会，也为社区居民提供了接触高校图书馆丰富资源的机会，促进了社区居民与高校图书馆之间的互动与交流。借阅服务的开放还有助于提升社区居

民对文献资源的认知和使用意愿。通过亲身体验高校图书馆的借阅服务，社区居民可以了解高校图书馆所提供的丰富资源，并在阅读过程中体验纸质文献带来的独特魅力。这种亲身经历将激发社区居民对阅读的兴趣，促进他们积极参与阅读活动，从而进一步提高文献资源的使用率和阅读的质量。

除了借阅服务，高校图书馆还可以通过开展文献推广活动进一步促进社区居民对文献资源的关注和使用。高校图书馆可以通过举办专题讲座、读书会、展览等活动，向社区居民介绍本馆的文献资源、推荐优秀的图书、分享阅读心得，激发他们对文献的兴趣和阅读的热情。这些活动的开展将增强社区居民对高校图书馆的信任和认可，进一步促进文献资源的有效利用。

2.善于运用网络，深入开展数字化公共文化服务

当今社会信息化程度不断提高，人们的生活节奏也日益加快。因此，许多人没有足够的时间或静下心来，泡一杯茶，捧一本书，用心地阅读。相反，人们更倾向于通过电子产品进行快速的"指尖阅读"，以满足碎片化的阅读需求。Web3.0技术的应用、开放存取运动的推广以及智能电子产品的广泛普及，使数字化文化服务产品越来越受欢迎。现在，人们不再需要奔波于遥远的图书馆，而是可以随时随地使用图书馆的资源。这得益于社区居民家中普遍配备了电脑和网络，并且随身携带着一个"移动的图书馆"——便携的电子设备。与此同时，近年来，高校图书馆数字化资源的建设不断提升，数据库资源也越来越丰富。因此，可以在社区居民中开展数字化信息资源利用的讲座，开放高校图书馆的数字化资源，提供虚拟参考咨询、文献传递等服务。通过充分利用网络，可以开展数字化公共文化服务，使居民足不出户即可享受图书馆的服务，充分使用图书馆的资源。这不仅方便了社区居民，还推动了图书馆的发展。

3.连接公共（社区）图书馆，建立资源共享机制

高校图书馆与公共（社区）图书馆之间的文献信息资源共享可以为社区居民提供更广泛的阅读机会和资源利用方式。一种方式是社区居民通过公共（社区）图书馆向高校图书馆预约纸质资源，并在预约成功后从公共（社区）图书馆方便地获取到所需的图书或文献资料。这种共享方式能够充分利用高校图书馆丰富的纸质资源，满足社区居民对特定文献信息的需求。

此外，高校图书馆还可以将数字化资源整合到公共（社区）图书馆的数字平台上，使社区居民能够通过登录公共（社区）图书馆的网站或应用程序来

访问和使用高校图书馆的数字化资源。通过这种方式，居民可以在不离开社区的情况下便捷地获取到高校图书馆的电子图书、期刊文章、学位论文等数字资源。这种数字化资源共享的方式使居民能够充分利用高校图书馆数字化资源的便利性和丰富性，为他们提供更广泛的学习、研究和阅读体验。

通过高校图书馆与公共（社区）图书馆之间的文献信息资源共享，社区居民不仅能够获得更多的阅读选择，还能够享受高校图书馆丰富的纸质和数字化资源。这种合作模式可以实现资源共享、互惠互利的目标，增进高校图书馆与公共（社区）图书馆之间的合作关系，提高社区居民的文化素养和知识水平。这也有助于高校图书馆更好地履行社会责任，将知识和学术成果服务于社会大众，推动社会的智力和文化发展。

需要注意的是，高校图书馆与公共（社区）图书馆之间的资源共享需要建立起良好的合作机制和信息交流渠道，确保资源共享的顺畅运行。双方应加强沟通与协作，共同制定共享政策和操作规范，保证共享过程中的资源安全和合法使用。此外，要利用先进的技术手段，建立起高效的数字化资源共享平台，提供便捷的访问和查询服务，使社区居民能够更加便利地使用高校图书馆的资源。通过共享文献信息资源，高校图书馆与公共（社区）图书馆可以为社区居民营造更好的阅读环境，促进知识的传播和社会的发展。

4.与其他行业协会或者学会展开合作，面向社区服务

高校图书馆可以与当地其他图书馆、行业学会和协会等相关机构开展合作，以共同为社区居民提供服务。这种合作模式可以促进资源共享、提高服务水平，为社区居民提供更全面、多样化的社区公共文化服务。

举例来说，大连医科大学图书馆与大连医学会医学信息专业委员会开展合作，通过学会的支持和协调，在大连市各医院图书馆之间建立了联盟。通过这一联盟，大连医科大学图书馆能够向各医院、提供文献传递、馆际互借等服务，并为医疗机构的医护人员发放馆际互借阅览证，方便他们进行科研和学习。这种合作模式不仅方便了医疗单位的工作人员，也扩大了大连医科大学图书馆的服务范围，提高了其服务水平。这种合作方式在其他地区也有类似的例子。借鉴这种合作模式，可以将其应用到社区服务中。通过与相关行业协会、学会或当地市县级图书馆的合作，将各个社区图书馆组织起来，建立统一的服务平台，为各个社区提供公共文化服务。合作机构可以提供专业领域的资源和支持，如行业学会可以提供学术期刊、专业数据库等，当地图书馆可以提供丰

富的图书馆藏资源。社区图书馆可以通过这一合作平台，向社区居民提供更广泛的图书借阅、文献传递、数字资源利用等服务。这种合作模式的优势在于充分利用各方的资源和专业知识，提供更全面、专业的公共文化服务。合作机构的支持可以丰富社区图书馆的馆藏资源，提供更多元化的学术和文化内容。同时，合作也可以促进资源共享和互助合作，提高社区图书馆的服务水平和专业能力。为了实现这种合作模式，需要建立起有效的合作机制和协调机构。各方应加强沟通与协作，共同制定合作规则和操作流程，明确各方的责任和义务。同时，建立统一的数字平台或信息系统，方便资源共享和服务交流。此外，还需要加强培训和交流活动，提高合作人员的专业能力和服务水平。

通过高校图书馆与相关机构的合作，社区图书馆可以得到更多的支持和资源，提供更优质的社区公共文化服务。这种合作模式有助于推动社区文化建设，促进知识传播和社会进步，提升社区居民的综合素质和幸福感。

5. 建立特色数据库，提供个性化服务

每个高校图书馆都拥有自己独特的馆藏特色，很多高校图书馆已经建立了自己的特色数据库。同时，对本地社区进行调研并了解社区居民的公共文化需求特点也是非常重要的。结合社区居民的需求与图书馆的特色，建立针对社区服务的特色数据库，能够更好地提供个性化的服务。

以医学院校为例，图书馆可以为周边社区居民建立医学特色数据库，提供养生、保健、基本护理等实用的生活医学常识。这样的数据库可以涵盖健康饮食、常见疾病的预防与治疗、日常保健等方面的知识，满足社区居民对健康生活的需求。此外，高校图书馆还可以为政府部门提供相关的情报信息，为政府决策提供参考信息，帮助政府了解社区居民的需求和关注点。同时，高校图书馆还可以为社区内的企业提供科技发展、产业动态等方面的信息情报，支持企业的创新和发展。

通过结合高校图书馆的资源特色与社区居民的需求特点，建立特色数据库，可以为不同人群提供个性化的服务。例如，针对学生群体，高校图书馆可以建立学术研究数据库，提供学术期刊、学位论文等资源，支持大学生的学术研究和学习；针对教师群体，可以建立教学资源数据库，提供教材、课件、教学案例等资源，帮助教师提高教学质量。同时，图书馆还可以根据社区居民的兴趣爱好建立相应的特色数据库，如文学艺术数据库、历史文化数据库等，满足社区居民对人文知识的需求。建立特色数据库不仅可以满足社区居民的个性化需求，还能够提升图书馆的服务价值和影响力。图书馆可以通过定期更新和扩充数据库内容，保持与社区居民的紧密联系，增强数据库的实用性和吸引力。此外，图书馆还可以开展相关的培训和推广活动，引导社区居民正确使用数据库资源，提高信息素养和科学素养。

在建立特色数据库的过程中，高校图书馆应与社区居民保持密切的沟通和互动，收集他们反馈的意见，不断优化和完善服务内容。同时，高校图书馆还可以与其他机构、行业学会、协会等开展合作，共同建立和推广特色数据库，实现资源共享和互利共赢。

6.开发深层次的信息产品

信息产品可分为两大类。一类是以物质载体记录下来的有形产品，如专题目录索引、文摘、述评、研究报告等。这些产品通过纸质书籍、期刊、报告等形式传播，提供给用户进行阅读和参考。这些信息产品以文字、图表等形式呈现，记录了研究成果、科学发现和学术观点，具有实体的存在形态。另一类是根据用户需求提供服务的"无形产品"。这类产品主要是针对用户的具体需求进行定制的服务，如文献资料的检索、科技成果的查询、资料翻译等。这些服务项目通过信息技术手段实现，以数字化的形式提供给用户。用户可以通过网络平台或其他电子设备进行访问和使用，根据自身需求获取所需的信息服务。

开发信息产品的目的是将信息转化为科研成果，并最终转化为现实生产力，推动社区经济的发展。信息产品作为科技创新和经济发展的重要支撑，可以为社区居民提供准确、及时、便捷的信息资源，促进科学研究、技术创新和产业发展。通过信息产品的提供，社区居民可以获取最新的科技成果、市场动态、政策信息等，有利于他们在工作和生活中作出明智的决策。

为了推动社区经济的发展，高校图书馆可以发挥重要作用。首先，高校图书馆可以建立丰富的信息资源库，包括图书、期刊、数据库等，为社区居民提供全面的信息支持。其次，图书馆可以通过信息技术手段，提供高效的检索服务和科技成果的查询服务，帮助社区居民及时获取所需的信息。同时，高校图书馆可以与社区相关的科研机构、企业等开展合作，提供定制化的信息服务，帮助他们开展科学研究和技术创新。此外，高校图书馆还可以组织培训和讲座等活动，提升社区居民的信息素养和创新能力。

（二）高校图书馆参与社区公共文化服务的对策

1.积极转变观念，树立为社区服务的意识

每一次变革都首先需要在观念上进行转变。长期以来，我国的高校图书馆通常将自身任务定位为为校内师生提供服务，而忽视了社区读者的需求。然而近年来，随着高校自身的发展以及社会的进步，许多高校开始将服务范围扩展到社会各个领域，如"校企合作"和"校政合作"等。作为文化领域的重要组成部分，高校图书馆应该转变观念，注重图书馆的社会效益，向校园周边的社区读者敞开大门，让更多的人享受知识的盛宴，共同享受改革开放的成果。这种转变不仅使高校图书馆参与当地社区的文化建设，也为增强国家创新力、推动文化强国建设积累"源动力"。

高校图书馆的社会效益体现在多个方面。首先，通过向社区读者开放，高校图书馆能够充分发挥自身的资源优势，为社区居民提供丰富的图书馆资源和服务。社区居民可以借阅图书、获取学术资料，拓宽知识视野，提升个人素养。其次，高校图书馆可以与社区开展合作项目，如举办讲座、培训课程等，为社区居民提供专业知识和技能的传授，以促进知识共享、知识传播，推动社区的文化教育和经济发展。最后，高校图书馆还可以与社区协同开展研究，调研社区读者的信息需求和文化特点，为其提供个性化的图书馆服务。通过与社区的密切合作，高校图书馆能够更好地了解社区居民的需求，提供贴近社区居民的文化服务，为社会发展贡献力量。

实现高校图书馆向社区的延伸和社会效益的提升需要采取一系列措施。首先，高校图书馆应当加强与社区的沟通和合作，了解社区居民的需求和期望，制定相应的服务方案。其次，高校图书馆可以通过建立数字化平台、提供网络服务等方式，让社区居民随时随地都能够使用和享受到高校图书馆的资源和服务。再次，高校图书馆还可以和与社区相关的机构和组织建立合作伙伴关系，共同推动社区的文化建设和发展。最后，高校图书馆应当注重宣传和推广，让更多的社区居民了解和认可高校图书馆的价值，增强其对高校图书馆的信任和依赖。通过这些努力，高校图书馆可以在社区中发挥更大的作用，持续为社会发展提供动力。

2.不断完善法律法规，建立长效的管理机制

制定有效的法律文件和法律制度是确保管理机制有效运行的基础。国外的

高校图书馆要开展社区服务，通常依赖完善的法律法规来指导、支持和约束。例如，美国于 1925 年制定了《图书馆法》，并于 1997 年颁布了《图书馆服务与技术法案》；日本的《图书馆法》于 1950 年出台，经历了 18 次修改，相关的还有《图书馆法施行令》和《图书馆法施行规则》。

为了促进公共图书馆事业发展，发挥公共图书馆功能，保障公民基本文化权益，提高公民科学文化素质和社会文明程度，传承人类文明，坚定文化自信，我国制定了《中华人民共和国公共图书馆法》，并于 2018 年 1 月 1 日起开始施行。

《中华人民共和国公共图书馆法》包括总则、设立、运行、服务、法律责任、附则六章，是中国第一部图书专门法，是为了加强对公共图书馆管理，推进公共图书信事业的发展，较好地保障人民群众的公共读书向览权利而制定的法规。这部法律主要有四个特点一是明确了公共图书馆事业的重要地位和发展方向：二是确立了体现中团特色社会主义特点的公共图书馆相关管用制度；三是强调了公共图书馆的公益属性，对服务提出明确要求：四是高度重视社会力量参与公共图书馆建设。公共图书馆法作为公共文化领域的一部专门法律，将党和国家关于发展公共图书馆的方针政策用法律的形式固定下来，将人民群众对于公共图书馆的期盼和要求用法律的形式体现出来，是贯彻落实党的十九大精神，坚持全面依法治国的重要举措，充分体现了坚定的文化自信，对于推动文化法治建设具有重要意义。

3.善于统筹兼顾，处理好内外服务

高校图书馆的基本任务是为校内师生提供教学和科研服务，因此在进行对外开放时绝不能本末倒置。在向社区开放图书馆时，必须认识到高校读者和社区读者在信息需求、阅读习惯等方面存在一定差异，并据此进行适当的调整。对此，提出以下建议。

（1）建立专门的社区书库、社区阅览室和社区自习室。在条件允许的情况下，为社区居民设立独立的图书馆空间，满足他们的阅读和学习需求。这样的专门设施可以更好地服务于社区居民，为其提供舒适的环境和便利的服务。

（2）提供数字化资源。条件受限的高校图书馆可以转变方式，引导社区居民更多地利用数字化资源。还可以通过电子邮件、QQ、电话等渠道提供虚拟参考咨询服务，社区居民能够远程获取所需的信息和文献资料。同时，鼓励社区居民使用期刊数据库、电子图书、搜索引擎等数字资源来替代实体资源的使用，提供更广泛的知识获取途径。

（3）加强社区文献传递服务。通过加强与社区图书馆的合作，建立高校图书馆与社区图书馆之间的文献传递机制。通过共享资源和合作借阅，使社区居民能够获取到高校图书馆丰富的纸质文献资源。

（4）进行信息素养教育。针对社区居民的信息需求特点，开展针对性的信息素养教育活动，提高社区居民的信息素养水平。通过举办讲座、培训课程等形式，教授信息检索技巧和文献利用方法，帮助社区居民更好地利用高校图书馆提供的资源。

（5）加强与社区组织的合作。与社区组织建立良好的合作关系，共同开展有益于社区居民的文化活动。通过组织读书会、讲座、展览等活动，提升社区居民的阅读兴趣和参与意愿，丰富他们的精神生活。

4.扩展宣传区渠道，加大宣传力度，扩大社会影响

高校图书馆在加强对内宣传的同时，也应注重加强对外的宣传和教育活动，满足社区居民多样化的文化需求。

（1）创新活动形式。针对社区居民的需求，开展多样化的宣传、教育活动。利用假期或节假日举办相关讲座、培训班等，为社区内的事业单位、科技人员以及离退休人员提供专业的信息服务。为不同年龄段、不同知识层次的读者，开展适合他们的文化活动，满足他们的兴趣和需求。

（2）征求社区居民意见。事先征求社区居民的意见和建议，了解他们的需求和偏好，有针对性地提供对他们有用的、通俗易懂的信息。通过与社区居民的互动，让他们参与活动策划，提高活动的吸引力和参与度。

（3）解决社区关切问题。开展一些针对社区关注的热点问题的讲座、座谈会等活动，通过解答问题、提供解决方案，引导社区居民形成正确的观念和态度。通过参与活动，社区居民能够在实践中理解道理，解决实际问题，进而对图书馆形成依赖和信任。

（4）宣传推广活动。重视活动的宣传工作，提高活动的知名度和影响力。通过各种媒体渠道、社交平台、校园公告栏等宣传方式，向社区居民传递活动信息。可以借鉴美国西肯塔基大学图书馆的成功经验，充分利用宣传手段，提高社区参与度。

（5）加强与高校的合作。与高校其他部门、学院建立良好的合作关系，共同开展文化活动。通过与高校的合作，扩大活动的规模和影响力，提高高校图

书馆与高校的社会影响力。

5.提供公共数字文化服务

高校图书馆在为社区提供服务时主要涵盖两个方面：物理空间的传统服务和网络虚拟空间的数字文化服务。物理空间的传统服务包括纸质书刊的借阅、多种形式的讲座等活动。网络虚拟空间提供数字化的参考咨询、文献传递、免费使用数据库资源以及电子图书的免费阅读等服务。从技术角度来看，网络虚拟空间的服务更易于实现协作和共享。如今，计算机网络已普及大多数居民家庭，许多社区也设有电子阅览室。网络最大的优势在于便捷性，因此，人们越来越倾向于在家中就能获取数字资源，而无须外出。

《全国文化信息资源共享工程"十二五"规划纲要》中强调了围绕公共文化服务体系建设总体目标，推动公共文化服务与科技创新的融合，打造集趣味性、娱乐性和知识性于一体的公共数字文化服务，以大幅提升公共文化服务的吸引力和感染力。因此，在高校图书馆参与社区公共文化服务时，应更加重视网络虚拟空间，积极提供公共数字文化服务。

通过以上服务内容的转变，高校图书馆能够更好地满足社区居民的需求。物理空间的传统服务与网络虚拟空间的数字文化服务相辅相成，共同构建起丰富多样的图书馆服务体系，为社区居民提供便利、多样化的文化资源。

6.兼顾社会效益与经济效益

高校图书馆参与社区服务时，社会效益和经济效益是相辅相成的，它们应该有机地结合在一起，实现双赢目标。只强调社会效益而忽视经济效益，高校图书馆可能会失去参与社区服务的动力。然而，过分强调经济效益而忽视社会效益，则会偏离高校图书馆服务的本质和最终目的。因此，高校图书馆应该在平衡社会效益和经济效益方面找到合适的路径。

高校图书馆的经济效益可以分为两个方面：有偿性服务获得的经济效益和商业性服务获得的经济效益。有偿性服务获得的经济效益通常用于支付工作人员额外的服务劳动、馆藏设备或资源的损耗等成本，通过向读者收取相应的费用实现。例如，对书刊逾期使用收取费用、电子阅览室使用上机费以及向个人提供非规定范围内的论文检索、文献传递等服务而收取费用。这种收费通常额度较小，其主要目的是维护图书馆资源的正常流通和设备的维护。商业性服务获得的经济效益是指利用图书馆的基础设施和自身影响力而赚取的费用。例如，与其他机构、组织或社团合作开展以营利为目的的活动，通过这些活动获取收益。高校图书馆可以利用自身的场地、资源和专业知识，与企业合作举办培训班、学术会议、文化展览等，从中获得一定的经济效益。

高校图书馆获得的经济效益应该用于更好地建设图书馆和提高服务质量，以更好地满足读者的需求。这些经济效益可以用于购买新书、更新设备、改善图书馆环境，以及提升员工的培训和发展。通过有效管理和合理利用经济效益，高校图书馆可以不断提高自身的服务水平和社会影响力。

结　　语

《高校图书馆的文化传承与创新》一书在系统研究和探讨高校图书馆在文化强国战略中的作用，以及文化传承与创新的路径及方法之后，对高校图书馆未来的发展方向和趋势作出展望显得尤为重要。

高校图书馆将成为文化传承与创新的重要阵地。在信息技术高速发展的背景下，高校图书馆不仅是知识的存储者和提供者，也是文化传播和交流的中心。高校图书馆的角色必然会由传统的知识存储者向文化的创新者和传播者转变。因此，未来的高校图书馆不仅要传承传统文化，还要积极推动文化创新，引领文化发展的新潮流。

高校图书馆的服务功能将进一步拓展和深化。未来的高校图书馆不再仅仅提供图书借阅和查询的服务，而是将更加注重满足读者多样化、个性化的需求。例如，高校图书馆将提供更加丰富的数字资源，满足读者随时随地获取信息的需求；推出更多的互动式服务，提高读者的参与度和满意度。此外，高校图书馆将加强对特殊群体的服务，如设立盲文区域等，以满足不同群体的特殊需求。

高校图书馆将在传承和创新高校校园文化中发挥更大的作用。高校图书馆是高校校园文化的重要载体，对于高校校园文化的传承与创新起着关键作用。未来的高校图书馆将更加积极地参与高校校园文化建设。例如，举办各类文化活动，推广高校校园文化；发掘和展示高校校园历史文化，弘扬高校校园精神。

高校图书馆将在鼓励和推动文化创意产业发展中发挥重要作用。高校图书馆拥有丰富的信息资源和专业的服务能力，可以为文化创意产业提供重要的支持。例如，高校图书馆可以通过提供创意工作空间、举办创意比赛等方式，鼓励和支持文化创意活动的开展。同时，高校图书馆也可以通过研发和推广自己的文化创意产品，如设计独特的图书馆纪念品、开发图书馆主题的游戏应用等，来推动文化创意产业的发展。

高校图书馆将积极参与社区公共文化服务，为社区提供更加丰富和高质量的文化服务。例如，高校图书馆可以通过开展公益阅读活动、提供在线文化资源、举办社区文化讲座等方式，让更多的社区居民能够享受到优质的文化服务。

总之，高校图书馆的未来充满了机遇和挑战。面对这些机遇和挑战，高校图书馆要把握发展趋势，勇于创新，只有这样才能在未来的文化建设中发挥出更大的作用，为建设文化强国作出更大的贡献。

参考文献

一、专著

[1] 巫志南 . 社区公共文化服务 [M]. 北京：北京师范大学出版社，2012.

[2] 周和平 . 文化强国战略 [M]. 北京：学习出版社，海口：海南出版社，2013.

[3] 刘宝莅 . 文化自觉与文化自信 [M]. 济南：山东人民出版社，2012.

[4] 谢和平 . 大学的文化自觉与文化自信 [M]. 成都：四川大学出版社，2012.

[5] 曾瑛，林爱鲜，贺伟 . 现代图书馆文化建设 [M]. 北京：中国戏剧出版社，2011.

[6] 彭拓夫 . 高校图书馆文化建设研究 [M]. 长春：吉林人民出版社，2021.

[7] 唐玲 . 图书馆文化与职能建设 [M]. 天津：天津大学出版社，2018.

[8] 焦青 . 高校图书馆文化建设研究 [M]. 北京：中国商务出版社，2019.

[9] 罗启元 . 我国古代图书馆与文化传承 [M]. 北京：现代教育出版社，2019.

[10] 程传超 . 图书馆文化创意产品开发研究 [M]. 长春：吉林人民出版社，2020.

[11] 张敏勤 . 图书馆文化研究 [M]. 广州：世界图书出版广东有限公司，2012.

[12] 王黎 . 高校图书馆文化论 [M]. 成都：西南交通大学出版社，2007.

[13] 黄建铭 . 图书馆文化研究 [M]. 福州：海风出版社，2007.

[14] 马莎 . 高校图书馆文化建设与创新 [M]. 成都：西南交通大学出版社，2008.

[15] 王志东 . 公共图书馆文化产业研究 [M]. 济南：山东人民出版社，2012.

[16] 王惠君 . 图书馆文化论 [M]. 长沙：湖南大学出版社，2004.

[17] 周玉坤 . 书海扬帆——图书馆文化传承 [M]. 长春：吉林大学出版社，2012.

[18] 陈雪樵 . 数字图书馆与文化共享工程 [M]. 北京：中国环境科学出版社，2008.

[19] 柯平，等 . 公共图书馆的文化功能——在社会公共文化服务体系中的作用 [M].
上海：上海交通大学出版社，2010.

[20] 张理华 . 高校图书馆与校园文化建设研究 [M]. 北京：台海出版社，2018.

[21] 广州图书馆 . 国外公共图书馆多元文化服务政策与案例编译文集 [M]. 广州：
中山大学出版社，2019.

[22] 张文亮 . 公共图书馆组织文化诊断：模型与方法 [M]. 北京：海洋出版社，
2015.

[23] 郭鸿昌 . 学术与研究：图书馆制度文化研究 [M]. 长春：吉林文史出版社，
2008.

[24] 曹廷华 . 高校图书馆与校园文化 [M]. 北京：人民教育出版社，2002.

[25] 吴海峰 . 大学图书馆阅读文化的多视角研究 [M]. 郑州：大象出版社，2014.

[26] 方允璋 . 图书馆与非物质文化遗产 [M]. 北京：北京图书馆出版社，2006.

[27] 廉永杰 . 中国传统文化概论 [M]. 西安：陕西人民出版社，1999.

二、期刊

[28] 宋军风 . 立德树人背景下高校图书馆传统文化的阅读推广 [J]. 文化产业，
2023（13）：82–84.

[29] 张红燕，李燕，刘芸，等 . 基于问卷调查的高校图书馆参与校园文化建设研
究——以宁夏大学图书馆为例 [J]. 办公室业务，2023（8）：116–118.

[30] 马春梅 . 新时代高校图书馆文化育人功能的实现路径 [J]. 新阅读，2023（4）：
61–63.

[31] 杜媛媛 . 图书馆文化教育职能与文化品牌形象塑造研究 [J]. 河南图书馆学刊，
2023，43（4）：112–114.

[32] 向云波，朱小意，张钊玮 . 高校图书馆文化创意产品设计中的视觉语言探析 [J].
中国包装，2023，43（4）：84–86.

[33] 赵霞琦，李爱民，王南 . 新时代高校图书馆文化传承场景构建研究 [J]. 山东
图书馆学刊，2023（1）：12–17.

[34] 林毅.高校图书馆文化建设存在的问题及改进措施 [J].教书育人（高教论坛），2023（6）：18-21.

[35] 韦金华.图书馆文化服务创新建设研究 [J].文化产业，2023（5）：79-81.

[36] 覃燕梅.高校图书馆传承创新中华优秀传统文化的现状调查与发展策略：以国家一流大学建设高校图书馆为调查对象 [J].图书情报研究，2023，16（1）：55-64.

[37] 邓颖.文化自信视域下高校图书馆中华优秀传统文化阅读推广策略研究 [J].绥化学院学报，2023，43（2）：136-138.

[38] 黄瑾一.高校图书馆阅读文化建设研究 [J].内蒙古科技与经济，2023（2）：143-145.

[39] 刘宗凯.高校图书馆中华优秀传统文化经典阅读推广的实践与策略 [J].河南图书馆学刊，2022，42（12）：42-44.

[40] 魏婧.高校图书馆管理工作与校园文化建设研究 [J].快乐阅读，2022（11）：115-117.

[41] 李沂濛，唐承秀，常红.高校图书馆文化传承及育人影响因素研究——基于天津市高校图书馆调研的因子分析 [J].图书馆工作与研究，2022（11）：13-19.

[42] 常春圃.新时代高校图书馆文化育人功能实践路径研究——以南京工程学院图书馆为例 [J].文教资料，2022（20）：138-144.

[43] 李冰.校园文化建设中图书馆的地位及其文化建设 [J].内蒙古科技与经济，2022（20）：115-117.

[44] 张延红.高校图书馆与校园文化建设分析 [J].才智，2022（33）：143-145.

[45] 徐菊.高校图书馆文化服务本地模式思考——以龙岩学院图书馆为例 [J].淮南职业技术学院学报，2022，22（5）：133-135.

[46] 张沁兰."全民阅读"背景下高校图书馆推广校园文化研究 [J].文化学刊，2022（9）：152-155.

[47] 柳玲珠.高校图书馆文化育人案例探析——以华南农业大学为例 [J].文化产业，2022（25）：97-99.

[48] 贾伟，张亚静.高校图书馆文化空间美育功能探析 [J].大学图书情报学刊，2022，40（5）：60-65.

[49] 刘芳，张群英，吕媛君．图书馆文化创意产业现状及其发展对策 [J]. 大学图书情报学刊，2022，40（5）：87-95，115.

[50] 马明月，孙作萍．移动互联时代下的大学图书馆文化建设新思路研究 [J]. 文化产业，2022（24）：95-97.

[51] 邰小丽．图书馆文化创意品牌建设方法研究 [J]. 文化产业，2022（24）：109-111.

[52] 胡桂梅．高校图书馆传统文化经典阅读云服务研究 [J]. 河南图书馆学刊，2022，42（8）：51-53.

[53] 张红燕，李燕，夏静文，等．新时代高校图书馆校园文化建设策略研究及路径探讨 [J]. 传媒论坛，2022，5（15）：111-114.

[54] 陈冬梅．高校图书馆助推校园文化建设探讨 [J]. 新西部，2022（5）：125-127.

[55] 李蔚．馆员与高校图书馆阅读文化建设研究 [J]. 科技资讯，2021，19（28）：174-176.

[56] 周琼．谈高校图书馆管理制度中文化激励机制 [J]. 财富时代，2021（4）：73-74.

[57] 徐俐华．文化自信视域下高校图书馆助力非物质文化遗产保护研究 [J]. 河南图书馆学刊，2021，41（1）：56-59.

[58] 张朋，朱勇，吴言宁．高校图书馆物质文化育人的现状分析及优化建议 [J]. 邵阳学院学报（社会科学版），2020，19（6）：112-116.

[59] 贾偌．新媒体背景下培养高校图书馆阅读文化的研究 [J]. 办公室业务，2020（17）：168-169.

[60] 梅锦萍．高校图书馆阅读推广与阅读文化构建思路探究 [J]. 才智，2020（24）：14-15，19.

[61] 白萍．高校图书馆阅读文化建设与发展 [J]. 作家天地，2020（7）：49，51.

[62] 曹健，高妍，于宁，等．高校图书馆在非物质文化遗产传承与传播中的策略研究 [J]. 华北理工大学学报（社会科学版），2020，20（2）：140-144.

[63] 朱颖．谈高校图书馆管理制度中文化激励机制 [J]. 内蒙古科技与经济，2020（2）：161.

[64] 韩娜．高校校园阅读文化在高校图书馆推动下的创新研究 [J]. 科教文汇（上

旬刊），2019（31）：25–26.

[65] 黄钰清.浅析网络环境下高校图书馆阅读文化建设[J].内蒙古科技与经济，2018（12）：153–154.

[66] 王承就.高校图书馆文化馆员制度初探[J].教育与教学研究，2018，32（3）：20–26，125.

[67] 韩媛媛.新媒体形势下高校图书馆阅读文化的培养[J].产业与科技论坛，2017，16（10）：229–230.

[68] 姚晓丹.高校图书馆文化品位建设研究[J].文化学刊，2015（12）：200–202.

[69] 刘巧.高校图书馆精神文化建设研究——以重庆师范大学图书馆为例[J].科技情报开发与经济，2014，24（14）：58–59，61.

[70] 郭俊仓.高校图书馆精神文化的构成形态探讨[J].科技情报开发与经济，2013，23（8）：10–12，17.

[71] 刘保军.论高校图书馆精神文化建设[J].山东煤炭科技，2009（4）：226–227.

[72] 孙毓敏.浅析高校图书馆规章制度与人文化的结合[J].中外企业家，2009（16）：28.

[73] 孟文辉.试论高校图书馆文化建设与大学生素质教育[J].沈阳体育学院学报，2001（2）：93.